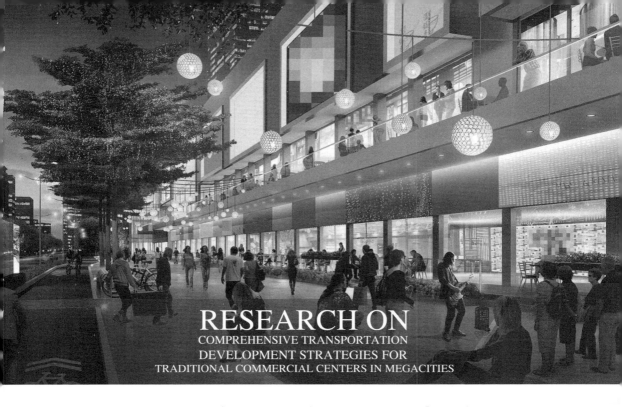

RESEARCH ON
COMPREHENSIVE TRANSPORTATION
DEVELOPMENT STRATEGIES FOR
TRADITIONAL COMMERCIAL CENTERS IN MEGACITIES

超大城市传统商业中心区综合交通发展策略研究

荣利利 孙 璐 杨丽改 编著

人民交通出版社

北 京

内容提要

超大城市传统商业中心是展现城市文化积淀和形象活力的核心区域，该类地区往往面临空间环境紧约束的现实，导致传统历史风貌保护与交通发展之间的矛盾日益突出，可持续发展难以为继。本书对超大城市传统商业中心区的交通特征、构成和特殊性进行分析探讨，提出了基于价值传承和未来衔接的交通发展策略，以期促进历史遗产与风貌保护、激发传统商业中心区活力、实现城市有机更新、构建可持续交通系统。

本书主要供城市规划学、交通规划学领域的研究人员、工程技术人员和高等院校相关专业师生，以及从事城市管理、交通管理的政府工作人员阅读。

图书在版编目(CIP)数据

超大城市传统商业中心区综合交通发展策略研究 / 荣利利, 孙璐, 杨丽改编著. — 北京：人民交通出版社股份有限公司, 2024.10
ISBN 978-7-114-19277-7

Ⅰ.①超… Ⅱ.①荣… ②孙… ③杨… Ⅲ.①大城市—商业区—城市交通运输—交通运输发展—研究 Ⅳ.①F57

中国国家版本馆CIP数据核字(2024)第025146号

Chao Da Chengshi Chuantong Shangye Zhongxinqu Zonghe Jiaotong Celüe Yanjiu

书　　名：	超大城市传统商业中心区综合交通发展策略研究
著 作 者：	荣利利　孙　璐　杨丽改
责任编辑：	姚　旭　钟　伟
责任校对：	赵媛媛　魏佳宁
责任印制：	刘高彤
出版发行：	人民交通出版社
地　　址：	(100011)北京市朝阳区安定门外外馆斜街3号
网　　址：	http://www.ccpcl.com.cn
销售电话：	(010)85285857
总 经 销：	人民交通出版社发行部
经　　销：	各地新华书店
印　　刷：	北京印匠彩色印刷有限公司
开　　本：	720×960　1/16
印　　张：	10
字　　数：	156千
版　　次：	2024年10月　第1版
印　　次：	2024年10月　第1次印刷
书　　号：	ISBN 978-7-114-19277-7
定　　价：	80.00元

(有印刷、装订质量问题的图书，由本社负责调换)

前　言

在现有空间环境紧约束的现实下,超大城市传统商业中心区传统风貌保护与交通发展之间的矛盾日益突出,已成为制约城市乃至区域可持续发展的重要因素。厘清传统商业中心区的交通需求特征和交通组织模式,对于协调商业中心区传统风貌保护,更新城市与交通发展的关系,激发传统商业中心区活力,构建可持续的交通系统具有重要的现实意义。

本书以城市未来高机动化发展趋势为背景,以保护传统商业中心区的历史信息和风貌为前提,为平衡保护与发展的关系,基于现状问题优化和未来发展衔接两个层面提出传统商业中心区的交通发展策略。具体内容如下:①界定传统商业中心区概念与内涵,厘清其与商业中心区、商业综合体的各项差异,明确本书内容的界限与重点,并选取我国超大城市中的典型传统商业中心区作为实证样本,梳理其交通特征和共性问题。②对国外典型历史城(街)区的交通解决策略和方法进行梳理分析,同时结合我国超大城市发展的现实情况,判别相关经验的适用性,借鉴有益经验。③基于传统商业中心交通系统的供给特性,尝试构建适宜的交通承载力计算模型,为交通策略的制定奠定基础,提供依据。④根据传统商业中心区交通的共性问题,提出该类区域交通发展的基本原则及相应策略。本书的核心思路为:正视个体机动化出行的正常需求,对于可替代的机动化需求,通过各项措施积极地转化为公共交通予以替代;对于不可替代的机动化需求,则根据区域交通承载力情况,给予一定程度的保障。

本书在编写过程中得到了深圳市综合交通与市政工程设计研究总院有限公司的大力支持，也得到了曾文康、刘芳宏、唐杰昌、陈志南、彭丽如等同事的鼎力帮助，因为他们的辛劳工作和无私付出才有了本书的顺利出版，在此一并表示感谢！

由于编者水平有限，书中难免存在疏漏之处，恳请读者批评指正。

编著者

2024年1月

目　　录

第一章	绪论	1
第一节	研究背景和意义	2
第二节	国内外研究现状	4
第三节	研究的主要问题和目的	7
第四节	研究思路和框架	9
第二章	概念界定与对象分析	12
第一节	概念界定	13
第二节	对象分析	16
第三章	存在的问题与交通特征	62
第一节	发展要求	63
第二节	存在的问题	65
第三节	特征分析	67
第四节	相较城市和区域的差异性	73
第五节	国外经验借鉴	75
第四章	发展策略与具体措施	104
第一节	交通承载力考量	105

第二节　发展策略 ································· 116

第五章　结论与展望 ································ 144
　　第一节　研究总结 ································· 145
　　第二节　不足与展望 ······························· 147

参考文献 ·· 149

第一章

绪　论

第一节　研究背景和意义

一、研究背景

随着城市化进程的快速发展，大城市开始涌现，并衍生出超大城市甚至巨型城市。国际上将人口规模超1000万的城市称为超大城市（Megacity），我国也于2014年实现与国际接轨，首次明确了超大城市标准，《国务院关于调整城市规模划分标准的通知》（国发〔2014〕51号）将超大城市定义为：城区常住人口1000万及以上的城市。根据联合国经济和社会事务部数据，1980—2020年，全球超大城市数量从6个增加到35个，平均人口规模从1640万增长到2580万，40年间超大城市数量增加了29个、平均人口数量增长了近1000万。我国现有超大城市8个，为上海、北京、深圳、重庆、广州、成都、天津、武汉。

城市规模的扩展、大量人口的流入，促使城市快速机动化，对城市原有空间格局造成冲击。城市中的传统街区是历史关联性、地方特点、传统风貌相对集中的特定区域，具有比较典型和相对完整的城市历史风貌特征，也融合了相应的城市生活地段。传统商业街区的整体环境要素构成和空间秩序更是城市起源、发展和变迁的实物见证，既具有物质属性又具有社会属性，记录和承载着整个城市的文化特征，是城市的精神象征。在超大城市形态和风貌趋同的当下，更应对传统商业中心区予以重视和保护。当下汽车交通的生活方式对城市空间形态产生了重要影响：一是汽车交通显著扩展了居民的居住和活动范围，随着生活水平的提高，有条件的居民陆续搬离环境较差的传统城市中心区域，造成中心区域衰落；二是配建有大型停车场的购物中心逐渐取代传统商业中心区，而以大卖场、量贩店为主的采购行为又更需要小汽车运输。因此，传统商业中心区的活力复兴需要植入新功能（如文创展示、新消费和服务等），而新功能的引入也会带来新的机动交通需求：新增加的非工作出行主要依赖小汽车，中心区的可达性情况会直接影响餐饮、娱乐、零售等商业服务设施的布局和发展。传统商业中心区的道路体系在小汽车出现之前已经形成,其组织结构、空间特征与汽车交通功能不相匹配。因此,现今机动交通的快速推进直接冲击着传统商业中心区的交通空间,而汽车交通带来了生活方式的变化,也是造成传统商业中心区活力衰退的主要原因。此外,受制于原有空间形态、路网体系等,传统商业中心区越发成为区域性的交通瓶颈,部分街区的交通问题甚至制约了区域的发展。因此,需要对传统商业中心区的交通空间进行分析,提出较为合理的交通组织结构,在借助小汽车交通的渗透有效激发传统商业中心区活力的同时,又能够将小汽车交通对空间环境品质的影响控制在最低程度,促成不同交通方式使用者之间的出行权力平等。

二、研究意义

(一)树立正确的传统商业中心区交通空间保护观念

传统商业中心区是自然和城市发展遗留下的空间布局方式,其所构成的整体环境和空间秩序是城市不同历史时期风貌特色的叠合,作为承载当地居民生活的物质载体,其社会性与商业功能同等重要,应是城市中最具有活力和记忆的场所。目前,还有相当数量的传统商业中心区留存至今,依然继续承担着现今社会生活的服务功能。传统商业中心区的演化和城市道路交通结构总是处于相互促进、相互冲突和相互建构的不断循环之中。在城市快速发展尤其是超大城市高密度建成环境的当下,应正确处理传统商业中心区风貌保护与机动车交通之间的关系,树立正确的交通空间保护观念。

(二)初步建立传统商业中心区交通发展模式

交通工具的变迁是影响商业空间演化的重要技术因素。随着城市的不断发展,我国传统商业中心区因规划建设较早,对交通需求的快速增长预估不足,出现了严重的交通拥挤和环境品质低下的问题,普遍面临开发强度高、路网体系基本成形、设施扩容难度大、出行方式日益复杂、衔接转换要求高等一系列现实困境,迫切需要在尊重历史文化价值的前提下寻求新的交通发展模式。

(三)为城市可持续发展提供历史和经济价值

将传统商业中心区与现代生活相融合,将保护历史信息和传统风貌作为交通的发展前提,调整现行的交通结构,妥善协调机动车、非机动车和慢行交通,从而实现传统商业中心区的永续发展与现代交通体系的充分融合。这对于超大城市转向存量高品质发展、避免城市风貌同质化、延续城市历史积淀等,都具有重要的历史与经济价值。

第二节 国内外研究现状

一、交通特性及预测方法研究

发达国家城市化和机动化发展早于我国,对于交通特性及预测方法的研究也起步较早,并取得了一定的研究成果。Naciye Doratli等人通过对塞浦路斯古城的特征分析,提出古城街区复兴的系统理论框架;Paul Daniel Marriott通过对历史街区道路的实证研究,提出针对历史街区道路特点和交通特性的路网优化方案和管理方法;Lautso K.基于交通预测结果对历史街区内的交通出行方式进行组织划分,充分满足街区内居民的出行需求;Sarkar Sheila通过大量实证研究后认为,大部分历史街区处于"低流量,高饱和"的道路交通运行状态,并对此提出相应的改善措施和管理方案;J.J. Fruin对慢行交通特征与人、车、路交通三要素间的内在作用机制进行了分析;V.P. Sisiopiku和D. Akin深入分析了城市中心区域行人的出行特征;Melissa Duell和S.Travis Waller依据街区每日出行需求和路网节点容量建立计算模型,并采用遗传算法进行求解,最后依据计算结果对街区路网进行优化设计,并给出道路宽度的设计建议值;J.L. Bowman和M.E Ben-Akiva M.提出慢行交通分担量的预测应在街区更新实施前完成,并应以科学的预测数据作为理论依据。

我国相较国外在此方面的研究起步较晚。王秋平等人基于对典型中西部历史名城和历史街区的分析研究,通过大量实证研究对历史街区进行分类并总结其各自的出行和风貌特征,运用博弈模型对慢行交通量进行预测,并取得了较为理想的结果;吴娇容等人根据居民通勤链的特征分析结果,提出改善接驳和候车环节是提高通勤效率的有效手段;丁凌采用灰色多元回归模型对景区私人小汽车出行比例进行预测。随着研究的深入,尝试结合经济学理论进行预测研究的学者逐渐增多,如龚华炜等人在总结工业总产值、城镇居民可支配收入、社会固定资产投资额的基础上,结合计量经济学模型对特定区域的汽车保有量进行预测;曾忠禄等人通过数据的挖掘,提出可通过加强检验和增加数据的时效性来减少计量经济学模型的预测误差;王伟等人在总结已有预测方法的基础上采用曲线模型对道路交通量进行了预测分析,取得了较为理想的结果。这些理论成果均可为本次研究提供相应的依据。

二、街巷空间交通优化研究

得益于国外城市化进程开始较早,国外学者较早意识到城市交通问题仅通过新建和拓宽道路是无法得以彻底解决的,应对交通出行方式进行深入研究,协调多种出行方式间的关系,重点优化路网结构和网络级配。要解决历史街区交通问题的关键是要考虑交通组织优化、交通管理等方式,克服交通设施建设的空间局限性,例如:Christopher等根据自身实证研究结果表明梳理交通网络和进行交通管理可有效缓解道路拥堵,并基于街区道路网络特征提出了微循环组织方式;Maria等以西班牙圣塞巴斯蒂安作为实证研究对象,讨论了在外来游客的交通需求压力下同时兼顾历史风貌保护要求和出行满意度。在停车行为和决策方面,Hounsell等详细介绍了在英国伦敦被广泛使用的停车换乘系统(P&R系统),通过对历史街区内的潜在空间资源整合和街区访问量的控制,减少该街区的私人小汽车流量,同时通过建立公共交通走廊,提高公共交通服务水平及公共交通的出行占比;Pearce通过对游客的出行行为进行研究确定影响其停车决策的主要影响因子;Crompton通过研究分析,建立了游客交通决策的约束条件和旅游目的地自身特征的相关函数。在具体实践方面,专门针对历史街区的措施较少,多以古城、旧城尺度为主进行交通改善,其方法对街区层面的交通组织和管理也具有较强的指导意义。例如:罗马中心城区实行的"行车证",使此区域的汽车数量减少了超50%,此外倡导公交优先,公交服务范围扩展到远郊区,线路里程增加了43%,还提供多样化的定制公交服务;土耳其将伊斯兰布尔划分为两个区域,实行差别化的交通管理政策,将民生、旅游和保护相结合,着力改善步行环境、完善公共交通;英国的约克进行了严格的以保护为前提的城市更新,尽量保留原有路网体系,论证确有必要拆除时通过"小拆小建"的方式进行。

  国内对于历史街区的保护性研究起步较晚,主要以保护历史街区的风貌格局为主,交通方面多就交通问题提出相应的交通规划,具体包括道路横断面的优化、慢行规划、路网规划和交通组织优化等。此外,针对公共交通、停车设施等交通基础设施也进行了深入研究。公共交通方面,参考国外学者的研究成果,叶茂等为促进落实历史城区的公交优先,以公交平均步行距离、公交站点覆盖率为评价指标对干道路网的平均间距进行优化。同时,为提升交通系统服务水平,提出将公交线路充分渗透进支路,方便街区内的居民出行,继续鼓励慢行出行,构建完善的慢行交通系统,并进一步结合公交系统共同为出行者服务。在停车设施方面,Liu和Geng等提出应减少怠速行驶和等待,而不是一味增设不必要的停车供给,通过建立停车诱导信息系统沿时间尺度对车位进行分配。在具体实践措施方面,北京对历史街区实行车辆限行政策管控,以加强公交换乘和接驳网络提升道路使用效率;苏州则将行政、医疗等功能外迁带动人口外迁,对古城进行疏解,重新对古城内部道路体系进行整理和划分,尽量减少过境交通、完善道路设施;西安则对历史街区采用完全分离措施,即限制所有外部机动车辆进入,仅允许公共交通通过;济南古城区域采用建设公交走廊,明确道路功能、完善路网结构,优化公交线网、枢纽和服务设施,合理规划停车位的布局、规模和停放方式,完善古城区域的慢行交通系统。

  综上,国内外相关研究主要聚焦以下两个方面。

1.交通特性及预测方法研究方面

  现有研究多聚焦于交通流的流量、密度和速度等方面的分析,将道路扩展作为交通空间探讨其与交通特性的关系较少,如车道宽度与车速、效率、环境等方面的作用机制研究方向,仍以定性为主。对于历史街区这一特殊交通环境的交通特性分析较少,缺少系统理论研究和支持。

2.街巷空间交通优化研究方面

  国外研究以历史风貌保护为核心,对街巷空间的构成研究较为细致。但现有研究多以欧洲古城及街巷为实证分析对象,其研究成果直接在我国进行借鉴和应用存在较大的局限性。我国在街巷空间交通改善研究方面，在需求控制、流线组织、空间设计等方面已有一定程度的研究积累，但改善思路多以车本位为主，对满足人的主体需求空间要素设计、街区活力营造及交通工程管理等方面考虑不足。

第三节　研究的主要问题和目的

一、问题聚焦

1. 区域发展愿景与所处交通区位的矛盾

大部分传统商业中心区的道路系统和街巷空间都是在小汽车出现前形成的，其组织结构和空间特征并不适用于机动交通。快速机动化直接冲击了传统商业中心的街区空间。传统商业中心区路网空间狭窄，易成为区域性路网的瓶颈，常出现交通拥堵，部分街区的交通问题已严重制约了该区域的发展。传统商业中心区是一个城市文化特征和历史风貌最为突出并具有代表性的区域，是城市重要的公共资源，快速机动化带来的生活方式变化削弱了其交通区位优势，甚至出现区域性的功能衰退。传统商业中心区的活化和复兴需要植入新的功能，功能置换则需要交通通达能力的支撑，而交通区位的相对弱化使得地区发展设想难以实现。

2. 交通规划建设与历史风貌保护的矛盾

为解决传统商业中心区的交通组织问题，在处理方式上出现了两类较为极端的倾向：一种侧重从城市整体交通网络考虑，沿用一般城市区域道路交通规划的做法，将机动车直接引入传统商业中心。这种方式短期内确实可以有效疏解交通，但却牺牲了街区的空间风貌特征，如地面道路拓宽、道路交叉口改造、交通设施设置等都对原有传统空间格局与风貌造成破坏。为避免出现此类问题，近年来更多的规划采用了另一种极端做法，即将传统风貌集中区域完全步行化，完全排除机动化。这一措施虽然有利于街区的风貌保护，但会造成局部区域的交通梗阻，对城市整体的交通组织影响较大。由于交通量的转移，步行区域周边道路压力增大，空间环境质量也随之降低。此外,步行区域要想取得良好的改善效果,往往需要对公共空间进行较大规模的改造,整体实施成本较高。

3. 交通资源供给与交通需求增长的矛盾

传统商业中心的路网条件差、空间紧缺、交通设施缺口大等导致供给与需求的矛盾日益突出。平衡不断增长的出行需求与极其有限的空间资源之间的关系日益迫切,大部分传统商业中心的街区处于"低流量、高饱和"的状态。此外,由于街区始终承担着居住、工作、商业等城市主要功能,功能过度集中导致交通吸引力强度增大,尤其在节假日期间,街区内出行人流骤增,处于饱和状态。人流密度大、通行空间有限,自行车、电动车任意穿梭,机非混行严重,人流与车流相互交叉,造成交通组织混乱,影响道路交通安全。

4. 交通设施设置与服务水平要求的矛盾

传统商业中心内的各类交通设施,如停车场、公交站台、标志标线等设施存在建设滞后、扩容困难、缺少优化,易造成街区停车困难、车辆运行缓慢、人性化不足,无法提供较为和谐的交通环境。同时,由于街区的路网基本成形,设施建设不完善、出行方式复杂等,与城市其他区域相比,各种交通方式在安全性、便捷性、准时性等方面服务水平较差,不能较好地满足出行者的出行需求。此外,存在大量街巷不具备车辆通行条件,机动车出行极大受限,公共交通不能在适宜距离内实现换乘和衔接,还存在一定的消防、防灾、疾控等安全风险。

二、研究目的

基于传统商业中心区与机动化发展、传统风貌保护、交通出行需求等方面存在的矛盾,本次研究旨在促进传统商业中心区与现代生活相融,以保护为前提,协调与发展的关系,具体体现在:①正视城市高机动性发展的总体趋势,首先要能够满足人们日益增长的出行需求,避免以历史保护为由简单地排斥正常出行需求。②树立切实以人为本的规划理念,为交通出行提供多样的服务选择。避免因机动车速度快、技术要求高,而慢行空间要求相对简单,在两者冲突时往往让位于机动交通,激化不同交通使用者之间的路权之争,造成特色街道空间功能退化。③提高交通空间建设的综合性,人的交通出行属于被动需求,由社会活动引发,因此出行体验不仅取决于便捷还在于可能获取的活动机会,这一点对于商业设施布局更为重要,也是传统商业中心区活力重塑的重点。基于以上认知前提,调整现有交通体系,合理组织机动车、非机动车和步行交通,辨析街区交通空间组成要素,对平衡各项空间需求矛盾作出有益探索,以实现提升街区品质、延续传统风貌、适应现代生活的整体目标。

第四节　研究思路和框架

一、研究思路

1. 资料搜集与现场调研相结合

本次研究中的国内外研究现状与国外案例部分主要来源于相关文献查阅及资料收集。国内实证研究源于笔者自身实地调研及其他学者研究。

2. 问卷调查与计量分析相结合

对研究实证地的居民进行问卷调查或谈话询问,获得出行主体特征,再通过一定的数据汇总、提炼和处理后进行分析,以获得交通出行方式选择的主要影响因素。

3. 定性分析与定量分析相结合

本次研究中,传统商业中心区的出行者、其交通需求、交通方式的主要影响因素等大多通过笔者的实际交通规划工作经验而来。基于定性分析结合实地调研获取相关数据,利用数学模型进行定量分析,使分析更具有科学性。

4. 案例分析与归纳总结相结合

对传统商业中心区交通空间优化设计及交通组织等进行案例分析和理论总结,借鉴已有研究成果作为本文的基础支撑;同时,在对比各类传统商业中心区现实状况的基础上,对本文研究对象的内涵进行界定,对交通特征进行分析,明确研究重点。

二、研究框架

第一章,介绍本书主题缘由及背景,对国内外相关研究现状进行综述,进行初步问题聚焦,明确本次研究的目的与意义、研究思路与研究框架。

第二章,对本次研究的"传统商业中心区"进行内涵界定,并依照我国"超大城市"判定标准,筛选目前国内超大城市的传统商业中心区,进行实证研究。从传统商业中心区的历史形成、区位影响、用地情况、功能结构、交通组织等方面展开分析。

第三章,根据第二章的分析,对传统商业中心区现状交通问题进行分析归纳,并对其交通特征进行总结,并指出其相较于城市其他区域的差异性。同时,对国外历史城区或街区的交通组织管理经验进行案例分析与学习,并明晰其经验应用于我国实际的局限性。

第四章,根据传统商业中心区的交通供给能力、交通构成、需求特征、保护要求等,确定交通承载力的核心指标、约束条件;采取合适的方式构建传统商业中心区的交通承载力定量分析模型,并以此作为该区域交通优化和发展策略的基础依据。在历史风貌保护的前提下,从精细利用现有空间和积极开拓新型空间两个层面提出超大城市传统商业中心区的交通发展策略。

第五章,对本次研究的局限性进行分析和总结,并对后续研究的开展提出建议。

本书的研究框架如图1-1所示。

第一章 绪论

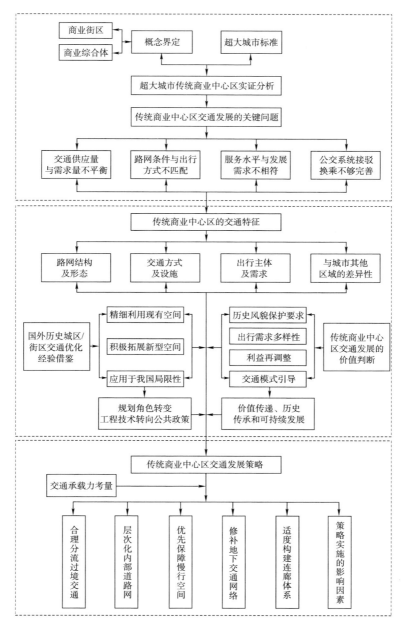

图1-1 本书研究框架

第二章

概念界定与对象分析

第一节 概念界定

一、传统商业中心区与商业综合体的差异

超大城市的传统商业中心区在我国商业历史发展历程中可追溯到"坊"和"市",一般位于城市主城区,且通常为旧城区,具备较长的商业历史背景,其所含区域的建筑、道路及其环境可集中反映该城市一定历史时期、某种文化背景的文脉肌理、风貌样式和地域特色。同时,传统商业中心区往往建立在生活性街巷中,这也和传统街巷两侧居民"前店后坊"的形式有关。商业街沿着街巷设立商铺的商业模式和生活方式,随着时间的推移不断发展和变化并一直延续到现在。因此,传统商业中心区的核心特征可以总结为:以商业功能为主、以街区为基础空间构成单元,能够集中反映城市历史文脉和风貌肌理的商业区域。

商业综合体是以建筑为基础,将商业、办公、展览、会议、文娱甚至居住等城市多种城市功能复合在单栋建筑或多栋建筑组成的群体,从而形成一个功能复合、效率高效的综合体。商业综合体是城市化推进到一定程度后,城市出于土地资源的高度集约需要而产生的,因此其所处位置通常为城市核心区域、未来核心区域[城市副中心,中央商务区(Central Business District,CBD)]和交通枢纽,其外部具备高可达性、高集约性且功能高复合性,各建筑单体相互联系、影响和配合,形成统一的现代建筑风格,其内部交通与外部公共空间贯穿,与城市交通进行联系,呈现典型的"通道树形"交通体系。简言之,商业综合体是以建筑为基础空间构成单元,是现今资源集约利用下的产物,位于城市交通网络发达、城市功能相对集中的核心或未来核心区域,以满足城市商业、办公、文娱等需求为首要目的功能聚合体。

由上述比较而言,传统商业中心区与商业综合体的关键差异有以下三点:①区位上,传统商业中心区必定在老(主)城区,而商业综合体多位于新城中心和交通便利处;②形态上,传统商业中心区以街区为基本空间构成单元,商业综合体以建筑

为基本空间构成单元;③成因上,传统商业中心区是自发集聚形成,随着城市发展而不断延伸扩展,因而能够反映城市的风貌肌理和历史文脉,而商业综合体是城市发展到一定阶段处于资源集约利用需要而进行的自上而下式建设,以满足新型区域内的商业需求,因此不具有历史性;④内部空间组织上,传统商业街区随内部街道展开联系各类业态商铺,与外部道路直接联系,交通组织以平面为主,具备街道点、线、面的序列和韵律,商业综合体通过公共空间与外部道路联系,内部交通组织相对封闭、完整,竖向空间较多。

二、传统街区相关概念

1. 历史街区与历史文化街区

"历史街区"的具体内涵经历长期发展逐渐明晰。国外关于历史街区的相关概念界定早于国内,根据其发展历程、演化过程可划分为两个阶段,即萌芽期和形成期(图2-1)。由其概念形成过程可看出,国际上关于历史街区的内涵逐渐缩小且逐渐明确,由最开始的地区保护逐步更新发展为明确的历史街区。相较于国外,国内关于历史街区的研究起步较晚,最早源于1982年国务院公布第一批国家历史文化名城。依据其内涵定义和发展演化过程,"历史街区"是国外较为广泛使用的非正式用语,"历史文化街区"为我国规划学界给定的专业术语,类似相关概念的具体区分见表2-1。

历史街区相关概念及其指代对象 表2-1

概念	概念性质				概念指代对象	
	使用语境	官方程度	时效性	影响范围	所处环境	边界情况
历史地区 (Historic Areas)	国际宪章	官方	不显著	国际	城镇、乡村	明确
城市历史地区 (Urban Historic Areas)	国际宪章	官方	不显著	国际	城镇	明确
历史城区 (Historic Urban Areas)	国际宪章	官方	不显著	国际	城镇	明确
历史文化保护区	国内法规	官方	过时	国内	城镇、乡村	明确
历史文化街区	国内法规	官方	显著	国内	城镇	明确
历史城区	国内法规	官方	显著	国内	城镇	较明确

续上表

概念	概念性质				概念指代对象	
	使用语境	官方程度	时效性	影响范围	所处环境	边界情况
历史街区	国内学术	非官方	不显著	国内	城镇	不明确
历史街区	国内法规	官方	显著	国内	城镇	不明确

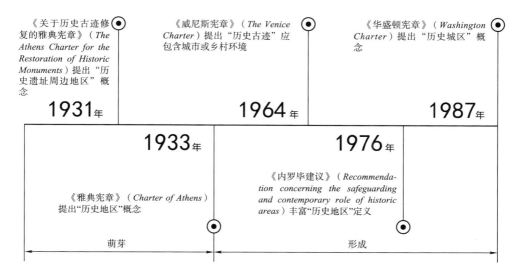

图 2-1 国外历史街区定义演化过程

2. 非保护类街区

"非保护类"是相对于"保护类"街区的概念。非保护类街区所包含的概念包括非保护类历史街区、传统街区、传统风貌街区、老旧街区等。这些概念的表述虽有不同,但其内核均强调这一类型街区作为城市长期发展凝结的成果,承载着大量历史信息及居民情感,但没有达到保护条例所规定的保护标准,未纳入法定保护。这类"非保护类街区"存在以下共性:①虽未正式纳入国家、省级历史文化街区保护名录,但具有一定数量的历史建筑;②存在市级历史文物保护单位,但未划定明确保护范围,未制定保护手段,存在一定程度的风貌缺失;③具有较为完整的邻里社会关系网络。参考"保护类街区"概念,"非保护类街区"的内涵可理解为:未正式被纳入官方各级历史文化保护街区名录,但具有较为完整的邻里社会关系网络,承载了较为丰富的历史信息,曾经对城市发展起到过重要的促进作用的街区。

三、传统商业中心区概念

传统商业中心区是城市中市级或区级商业设施(服装、百货、餐饮、娱乐、休闲等市场、综合性商场或商业街等)较为集中的区域。根据《历史文化名城名镇名村保护条例》中的定义,"历史风貌"指"可以反映历史文化特征的城镇、乡村景观和自然、人文环境的整体面貌,自然环境指不是由人类活动产生的天然周围环境,而人文环境与之相反,是专指由于人类活动不断演变的社会大环境,是由人为因素造成的、社会性的、而非自然形成的",其包含特殊风俗习惯、信仰习惯、节庆活动等。对于城市而言,一个城市的风貌是其区别于其他城市的独特个性特征,具有高度识别性和标识性。根据我国超大城市的评价判断标准,能够称为"超大城市"的城市在城市雏形形成时间、建筑建成时间、商贸聚集时间与规模及达到保护类街区标准上都存在较大差异。因此,采用"非保护类街区"概念理解"超大城市的传统商业中心区"更为准确。本书将"传统商业中心区"定义为经过时间沉淀、具有一定传统历史风貌且边界相对清晰、有较长商业历史背景并经过长期发展已形成了相对完整的商业体系,目前仍以商业活动为主要功能业态的城市传统街区。注意,"传统商业中心区"是指长期以来都是城市商业设施较为集中的区域,强调的是其在城市商业发展历程中的功能定位;"传统商业街区"则是传统商业中心区的空间基础,强调的是其空间组织模式。特在此说明,以便读者对后文相关内容的理解。

第二节 对象分析

一、对象筛选

本次国内的实证研究对象选择侧重于交通共性问题总结,将在超大城市中依据上文界定的"传统商业街区"内涵进行选择,最终确定为上海南京路、北京大栅栏、深圳东门、重庆解放碑、广州上下九和北京路、成都宽窄巷子和太古里、天津和平路和滨江道、武汉江汉路(表2-2)。

第二章 概念界定与对象分析

超大城市传统商业中心区概况　　　　　表2-2

城市	城区人口（万人）	传统商业中心所属行政区情况				
		商业中心区名城及所属行政区	所属行政区常住人口（万人）	所属行政区用地（km²）	区域人口密度（万人/km²）	商业区域规模（ha）
上海	1987	南京路（步行街），横跨静安和黄埔两区	163.8	55.7	2.94	3（其中步行街全长1.03km）
北京	1775	大栅栏，西城区	110.6	50.7	2.18	126
深圳	1744	东门，罗湖区	114.8	78.6	1.46	20
重庆	1634	解放碑，渝中区	58.9	20.1	2.93	2.44
广州	1488	上下九—第十甫，荔湾区	123.8	59.1	2.09	13.19（其中步行街长1.23km）
		北京路，越秀区	103.9	33.8	3.07	7.56（其中步行街长0.96km）
成都	1334	宽窄巷子，青羊区	95.6	66	1.45	7
		太古里，锦江区	90.3	62	1.46	7.08
天津	1093	和平路，和平区滨江道，和平区	35.56	9.98	3.56	63.4（其中和平路步行街全长1.23km，滨江道步行街全长2.09km）
武汉	1094	江汉路、江汉区	64.79	28.29	2.29	120（其中江汉路步行街长约1.0km）

注：城市人口规模为第七次全国人口普查数据（截至2020年11月1日）。武汉人口规模为住房和城乡建设部"2021年城乡建设统计年鉴"公布数据。

二、上海南京路

南京路是上海通商开埠后最早建立的商业街，东至外滩、西至延安西路，横跨静安和黄埔两个行政区，以西藏中路为界划分为东、西两段，共5.5km。

1845年上海开埠，南京路的建设由此拉开了帷幕。南京路最初源于租界时期直通外滩运送外商马匹的小路，故称"马路"或"大马路"。1845年的《土地章程》成为"华洋分居"的法条基础，1865年英工部局以我国大城市南京之名作路名。

上海市政府于2003年11月批准了《上海市中心城历史文化风貌区范围划示》，确定了中心城区内的12个历史文化风貌区，总用地面积为26.96km²，并依据风貌特征划分为五类，具体为传统地域文化型风貌区、公共活动中心型风貌区、特殊历史功能型风貌区等。南京路全段贯穿了外滩、人民广场和南京西路共三个风貌区，与衡山路—复兴路历史文化风貌区相邻，串联起上海各时期的商业发展历程和风貌，是商业发展历史的集中展现（表2-3）。将这四处风貌区在片区功能、空间特征、城市肌理和文化特色等进行比较，见表2-4。

南京路贯穿及相邻的历史文化风貌区概况　　　　　　　　　　表2-3

风貌区名称	所处区位	所属行政辖区	用地规模（×10⁴m²）	风貌性质	风貌特点
外滩	内环中部片区	黄浦区	101	外滩建筑群、建筑轮廓线、街道空间	欧洲新古典主义和折中主义风格为主的多种建筑风格
人民广场	内环中部片区	黄浦区	107	商业文娱建筑、城市空间、里弄住宅	多为集中成片的里弄街坊
南京西路	内环中部片区	静安区	115	公共建筑、各类住宅建筑	多为宗教和娱乐类公共建筑，以及独立花园住宅、公寓、新旧里弄等居住建筑
衡山路—复兴路	内环西南片区	卢湾区、静安区、长宁区、徐汇区	775	花园住宅、新式里弄、公寓、公共建筑、革命史迹	以独立式花园住宅为主，还有相当数量、风格多样的公寓、新式里弄、公共建筑等

四片区历史文化风貌对比一览　　　　　　　　　　表2-4

风貌区名称	风貌特征	片区主要功能	历史肌理与总面积的比例（%）	肌理特征	文化特色
外滩、人民广场、南京西路	公共活动中心型	商业、商务、文化娱乐等	30~60	方格网，道路网密度较高，路幅狭窄，道路高宽比较高；街廓完整形成连续的"街墙"与一定规模的开放空间形成虚实对比	许多重大历史事件的发生地，代表了较高档次、配套设施齐全、优雅精致的生活方式
衡山路—复兴路	海派生活社区型	居住	45~60	街道尺度宜人，高宽比例一般不超过1:1，绿化覆盖率高	优雅、高尚、宁静的生活文化

以南京路步行街所在的东段为重点研究对象，南京路步行街街区整体以商业用地为主，伴有少量居住用地，全长1.03km。在南京路（西藏中路—河南路）步行

化后,其原有的交通功能由九江路和天津路取代。九江路辟通后,由外滩接南京西路,河南路以西设双向四车道;天津路辟通接滇池路,从外滩至浙江路,设东西向单向两车道。与东段南京路相交的南北方向道路共12条,其中5条仍保留机动车通行,西藏路、河南路设有机动车专用道,均为双向四车道;福建路、浙江路、湖北路为混行道路,其中福建路设有南北向的单向两车道,非机动车与机动车单向运行;浙江路接湖北路,为北向南的单向两车道,非机动车与机动车单向运行。另外,广西路、山西路设有非机动车专用道,六合路、金华路、山东路与步行街相接的部分路段,作为步行街区的延伸,也禁止机动车通行。云南路、贵州路侧设有机动车临时停车场,禁止机动车穿越。步行街沿线建筑内部的停车场向社会开放,且在世纪广场南侧设置了约2000m²的社会停车场。步行街内设置了一条旅游观光线路,选用外观仿20世纪30~40年代的有轨电车方便游客参观。此外,地铁2号线在步行街下穿越,并分别在西藏中路(人民公园)、世纪大道设站,其中人民公园站与地铁1号线换乘,世纪大道站与地铁6号线换乘。节假日大量行人与车辆混杂情况严重,现有停车设施不足,停车问题突出,同时步行主街与两侧内巷整体风貌差距较大。

三、北京大栅栏

北京自1990年确立了包括大栅栏地区在内的25片历史文化保护区后,自此分三批共公布43片历史文化街区,其中老城内33片,总面积20.6km²。大栅栏片区约1.26km²,有111条胡同,已有近500年的历史,是北京核心区内历史肌理最为完整的街区之一,自古便是繁盛的商业区。作为中国第一批历史文化街区,大栅栏与北京同期入选的皇城、东四三条至东四八条有较大不同,其线形更为自由、气质更为大众和包容。

大栅栏历经多轮街巷环境改造,拓宽了珠市口西大街、前门西大街、南新华街,配合前门大街步行化打通拓宽了煤市街,新开通地铁7号线、8号线及多条公交线路,但其区位与枢纽优势已不复存在,内部交通更新相对滞后,断头路多、停车混乱、公交不便。

大栅栏步行街区肌理已有500年历史。大栅栏街区外围道路附近有4条城市级干道可以供公交通行,且其中一条为单行道,干道路网密度不足3.5km/km²;街区内部的111条胡同巷道总长23km,街巷密度超18km/km²,但存在断头、异形相交、过度曲折等问题的胡同占到36%以上。其内部45%的胡同宽度小于3.5m,无法达到组织单向交通的宽度要求;约63%的胡同宽度小于4m,无法达到消防通道宽度要求;超过80%的胡同宽度小于5.5m,按当地现行的规范规定不得设置路内的停车泊位;仅有24条胡同宽度在5.5m以上,其总长的60%现已规划为全步行街区或完全禁停机动车。大栅栏片区的路网在西、北两个方向上的贯通性较差,仅有3条胡同可西向贯通。在南、西和东北方向上均存在过街不便的问题,其中珠市口西大街中断了南北向中轴线的步行连通,其上跨的3座人行天桥均无竖向无障碍电梯。

四、深圳东门

"深圳",在东晋时期称宝安县,明清时期称新安县,属广州府管辖,其范围大体包含今日的深圳、东莞及香港特别行政区。明清时期的深圳墟周边村庄密布,是新安县范围内颇为繁华的一个墟市。到了清末及民国时期,深圳墟处在当时深圳镇的重要地理方位上,紧邻深圳河,交通往来便利,商贸发达。当时的深圳镇涵盖了今日罗湖区的大部分区域,罗湖区则是深圳建市之后最早的城市中心。改革开放后深圳建市,罗湖区是当时的城市中心,而近代的深圳镇涵盖了今日罗湖区的大部分区域,深圳墟则位于今天深圳市罗湖区东门一带的中心位置上,为今日东门商圈的前身。有学者研究指出,其可能始见于明永乐八年(1410年)的史籍。"圳"指田间的水沟,"深圳"因村庄的农田间有一条深水沟而得名。自明朝初年,今日深圳市罗湖区一带的蔡屋围、湖贝村、向西村、水贝村、黄贝岭村、罗湖村、笋岗村、布心村等村庄相继建成。之后陆续有外地人迁徙到这些村庄所围绕的中心地带谋生并搭建屋寮栖居。到了明代中期,这些村的族人开始在村庄之间的地方建起集市,展开贸易活动,遂形成"深圳墟",到清末便发展成了深圳镇。晚明始,老街一直是方圆数十里著名的商业墟市,形成了"猪仔街""谷行街"(今解放路)、"鸭仔街""鱼街"等街市。清光绪二十四年(1898年),清政府与英方签订了不平等条约——《展拓香港界址专条》,英方强行租借了深圳河以南的区域,连同235个岛屿共984.53km²的土地,期限为99年。时任港英辅政司史超活·骆克(James Stewart Lockhart)曾主张把深圳河以北的深圳地区划入租借范围,他在1898年的《香港殖民地展拓界址报告书》中提到,"深圳"是新安县具有影响力的政治及商业中心。

光绪三十二年(1906年)九广铁路开工建设,并于1911年建成通车。由此,深圳墟成为连通广州和香港的重要门户。往来南北的人流、物流空前繁忙,不少行业应运而生:富源米铺、祥光百货、同和中药店、仁爱药房、御丰隆布匹、瑞和山货、豫园饼家、曾谭记麻糖、伦记酒家、鸿安酒楼、何福记火水灯具、民乐戏院、维新书店等,商行数百家,遍布大街小巷。当时的上大街是主要商业街道,其最宽处达6m,最窄处不足3m,仅够当时县衙使用的人力"大轿"通过。20世纪50年代初期,东门拆除了西和街、谷行街等,将其连通形成了如今东西贯通的解放路,原有街道周边街道逐渐迁往解放路和人民路,至此形成十字形商业街构架,并沿用至今。确立特区后,东门商区自然成为深圳最早的商业中心,在很长一段时期内引领着深圳的消费潮流。1999年,东门老街经历改造后成为全步行街区正式开街,涵盖8条城市道路、1条步行街和3个休闲广场。今天,东门老街已经从低矮破旧的小屋变身现代商厦,从迂回曲折的小巷变身宽阔喧哗的步行街。

经过40年的快速发展,深圳城市功能不断健全和完善。但随着城市发展西移,罗湖逐渐失去竞争力,资源优势逐步缩小,规划用地稀缺、建筑大多老旧、人口稠密、交通拥挤、规划发展滞后等一系列问题逐渐成为罗湖发展的瓶颈。东门片区地处罗湖区中心位置,与蔡屋围、人民南路构成罗湖"金三角",历史底蕴厚重、商业氛围活跃、生活气息浓厚且景观及教育资源充足,曾经是深圳的根、罗湖门户口岸,在见证城市高速发展的同时,片区规划用地稀缺、配套设施老旧、商业地位逐渐下滑,难以支撑未来发展需求。东门商区位于东门片区南侧,是集旅游观光、饮食休闲、购物消费为一体的标志性商业街区,也是深圳最早的商区。但近年来随着市内同业竞争加剧、网络电商的冲击以及商圈业态低端、基础设施老旧等诸多因素影响,步行街的吸引力和影响力逐渐下降,客流分散化现象较为严重,深圳商业发祥地的历史角色逐渐弱化。图2-2所示为步行化改造前的东门影像。

1.路网连通不佳

片区骨架路网布局已基本成形,主要呈"三横两纵"布局形态,片区内主要为次干路和支路,核心片区内主要为步行街。其中,"三横"为笋岗东路、红桂—晒布路、深南东路,"两纵"为人民公园—建设路、东门中路。内部次干路主要有人民北路,支路主要有立新路、新园路、永新街等,步行街主要是解放路和人民北路(表2-5)。根据实地交通调查,道路总里程17.2km。其中主干路3.2km,次干路3.1km,支路10.9km,支路以上路网密度为10km/km²,未达到《深圳市城市规划标准与准则》下限,且片区内路网连通度不佳,存在较多断头路,微循环能力不畅。

图2-2 步行化改造前的东门影像

东门片区主要道路情况一览表　　　　表2-5

道路等级	道路名称	红线宽度(m)	车道数(双向)	车道宽度(m)	交通组织
主干路	深南东路	50	8	30	双向
	笋岗东路	80	10(2条公交专用车道)	33	双向
	东门中路	40	6	25.5~27.5	双向
次干路	人民公园路	24	4	16	双向
	红桂路	28	4	15	双向
	人民北路	16	4	8	双向
	晒布路	28	4	14	单向
支路	新园路	24	2(单行)	6	双向
	立新路	16	2(单行)	6	单向
	永新街	12	2(单行)	7	单向
	童乐路	16	2	7	单向

2.外部拥堵严重

结合实际交通流量和步行街停车组织需求,东门片区周边部分路段实行单向交通组织,具体包括人民北路(晒布路—立新路段)、新园路、立新路、永新街四条,其余道路均为双向交通组织。根据晚高峰流量调查,东门中路高峰小时流量为1903~2345pcu/h,饱和度为0.79~0.98,服务水平为D~E;人民公园路高峰小时流量为2804~3954pcu/h,饱和度为0.97~1.37,服务水平为E~F,主要因为外围南北向道路东门中路、人民公园路承担通过性交通,人民公园路道路等级为次干道,东门中路公交线路数较多,公交车"列车化"现象严重,导致路况较为拥堵,对外出行交通压力较大。东门商圈内永新街采用单行交通组织,高峰时段人流量大,人车冲突严重,太阳百货则停车出入困难(图2-3)。

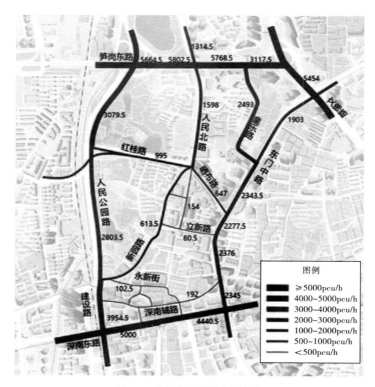

图2-3　东门片区高峰交通流量

3.轨道交通站点覆盖不足,公交线路重复率高

东门片区内仅设置2处轨道交通站点,轨道交通站点500m覆盖率仅54%,老街站及晒布站500m基本可覆整个东门核心片区、茂业百货、大世界商城等主要商

场,但片区北部如人民公园、儿童公园等重要区域基本无站点覆盖(图2-4)。片区轨网密度为1.69km/km²,轨道交通站点密度为1.54个/km²,对标纽约曼哈顿、东京银座、香港铜锣湾等世界发达消费中心的轨道交通线网密度和轨道交通站点密度仍存在较大差距,难以满足片区未来商业、消费和休闲出行需求。

图2-4　东门片区轨道站点覆盖情况

根据现状调研,东门片区内公交线路覆盖道路总里程5.3km,主要分布于笋岗路、东门中路、深南大道、东门中路、深南东路,其中东门中路线路数为27条,线路数较多,并在这些道路上设有公交专用车道。研究范围内设有公交站点31个,300m覆盖率为80%,500m覆盖率为98%,雅园立交西侧儿童公园及人民公园路东侧人民公园、迎宾馆和工人文化宫北侧无公交覆盖(图2-5、图2-6)。东门中路公交线路密集、公交车"列车化"问题突出,23条公交线路为跨区长线,平均线路里程26.7km,经常出现同一线路多趟车辆集中到达的现象。根据早高峰(7:35—9:30)的常规公交流量调查,同一断面5min内到达42辆公交车,远高于线路高峰时的发车量16辆。

第二章 概念界定与对象分析

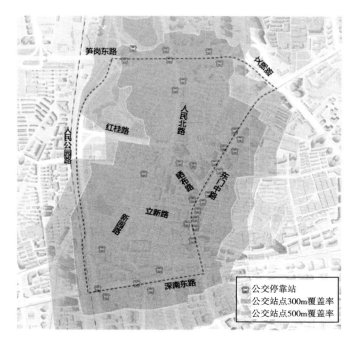

图2-5 东门片区公交站点覆盖情况

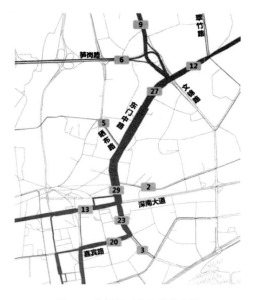

图2-6 东门片区公交线路布设

4.停车紧缺占道卸货较多

根据现状调研,东门片区现状共有停车场46个,停车5249个,其中居住类停车场20处,停车位2721个;商业类停车场17处,泊位1726个;办公及其他类停车场9处,泊位802个。停车场以配建停车为主,辅以少量地面停车,地面停车场主要服务于老旧小区停车及服装、布匹批发市场货运车辆用于装卸货。其中,东门商圈现有停车场24个(公共停车场19个,专用停车场5个),泊位2123个,车库出入口主要分布在深南辅路、南庆街、立新路和新园路两侧(图2-7)。通过调查东门片区停车场,发现部分停车场由于采光通风差、室内湿度大,整体环境较差;部分新建停车场标识不清晰,缺乏有效信息提示,顾客在找车过程中花费时间长,购物体验感降低。

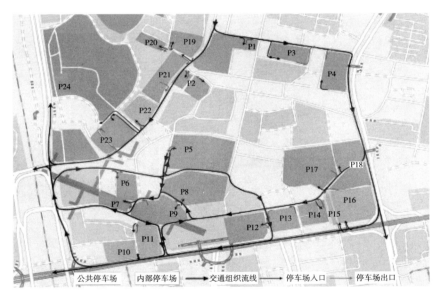

图2-7 东门片区核心区域停车场分布

5.慢行空间不足,连续度差

通过对东门片区现场调研发现,人行道有效宽度普遍小于2m,红桂路、人民公园路、人民北路(红桂路—立新路)人行道有效宽度甚至小于1m。人行道是指道路中专供行人通行的部分,当人行道有效宽度大于2m时,可认为人行道设施较好。

当人行道有效通行空间不足时,行人走行没有安全感。存在问题主要集中于：①人行道被市政设施、绿化带、非机动车道、自行车停放等占用空间,更进一步地缩小了有效宽度；②东门中路两侧沿街商铺较多,高峰期人流量较大,现状人行道宽度不能满足出行需求,导致行人向机动车道上溢出(图2-8、图2-9)。人行道连续性总体上较差,尤其是东门中路、新园路和人民北路,共享单车随意停放、机动车出入口、市政设施使人行道频繁被切断。

图2-8　东门人行道有效宽度

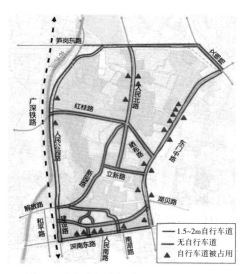

图2-9　东门非机动车道分布及被占用情况

五、重庆解放碑

重庆根据自身"两江四山"的地貌特征布局城市形态,形成了"多中心、组团式"的发展模式,各组团都形成了各自的商业中心。渝中区地处长江和嘉陵江两江交汇处,自古便是重庆的母城,历经三次建都和四筑城,已有3000多年历史,是重庆文化的发源地。渝中区自古以来就是人口最集中的区域,是城市地理中心、商贸中心、金融中心和文化中心。解放碑街区位于渝中半岛,是重庆市级商业中心,东、南濒临长江,北临嘉陵江,西面通陆,区位地势起伏,佛图关最高海拔394m,分别向西部和东部的南、北、中倾斜起伏,至东北角两江汇合最低处朝天门沙嘴海拔167m,

相对高差270m,坡度很大,比高悬殊。因山水相连,重庆山-水-城融为一体,这是重庆"山水一城"城市风貌的集中体现。

重庆在通商开埠前,并未充分利用水岸优势,商贸经济较为单一,主要还是区域性的军政中心。自1890年通商开埠后,这一情况出现了根本性的扭转,商业和金融发展迅速,商业中心逐步代替军政中心,交通枢纽的地位也由此得以提升。至抗日战争前,重庆已发展成为西南最大的近代经济中心城市。1927年,重庆商埠督办公署决定修建3条东西向交通干线,这3条干线对重庆的城市形态发展影响重大,后又修建了南北向干道连通上、下半城,旨在通过商业已繁荣的上城带动下城发展,自此重庆的干道网络已具雏形。

战争时期,受政治环境影响城市中心出现转移,渝中半岛由于自身路网和基础设施建设的改善和提升,开始呈现商业双中心格局。作为陪都时期,重庆逐渐逐渐由商业为主导的中等城市,逐步向工业商业相结合的综合性现代城市演变。这一时期重庆城市呈"一心多点"的空间格局,"大分散"的形态初显。渝中半岛的商业带由上半城沿南北交通干道逐渐向下半城扩展,督邮街(现民权路解放碑)一带由此取代上半城的"商业场",成为当时全市最大的商业金融中心。于20世纪20年代开辟的新市区地区也集中了一些批发市场,使得两路口至中山路一带成为全市最具规模的地摊市场,并逐步成为渝中半岛的商业副中心。至此,渝中半岛商业双中心格局雏形初显。当时的当局政府为加强上、下半城的联系,大幅调整和完善了渝中半岛的整体路网,延伸中区东西向的干道至朝天门,南北向修建七星岗隧道、通过打铜街、中兴路和新修建的中心路加强联系。这一时期形成的干道体系一直沿用至今。

中华人民共和国成立后的城市建设历程较为曲折,这一时期渝中半岛已围绕解放碑、两路口和上清寺逐步形成了三大核心结构。由于当时国家发展的首要目标是建立社会主义工业体系,重庆的城市职能被定位为我国战略后方重要的工业基地,自此,商业、金融等功能开始削弱。自1949年至1978年的30年间里城市建设虽历尽曲折,但整体形态完成了调整,城市规模成倍扩张,形成了"大分散、小集中、点状化"的空间结构。渝中半岛原有的三大核心结构也逐步分化,两路口、上清寺分别成为文化、政治中心,解放碑仍为商业中心并得以壮大。这一时期,渝中半岛进一步完善了路网体系,在北区修建了大溪沟至临江门的干道,及联系中区到北区的捍卫路。同时,随着嘉陵江大桥、向阳隧道和重庆长江大桥的修建,得以贯穿长江、嘉陵江,加强了渝中半岛与周边地区的联系,也进一步提升了重庆在周边城市中的中心地位。

改革开放后,渝中半岛原有的三心结构得到进一步巩固,此外受规划影响,地区级中心得到一定程度的引导与发展。1983年进行大城市经济体制综合改革试点后,重庆被批准为直接对外贸易的内陆口岸,1992年成为开放城市,进一步巩固了重庆城市在西南地区的经济地位。重庆作为长江上游经济聚散性功能、联系性功能、调节性功能和经济区的组织功能得到进一步加强。重庆市中心提出集中力量发展第三产业,严格控制人口规模,调整产业用地,迁出与功能不相适应的产业,改善交通条件,完善交通网络,治理污染,大搞绿化。渝中半岛的城市职能从工业为主逐渐向第三产业发展。在1983年版《重庆市城市总体规划》的指导下,因时制宜地确定了城市的发展步调,城市形态由初期的"大分散、小集中、梅花点式"向"有机分散、分片集中、多中心、组团式"的结构演变。这种结构模式强调各个组团相对独立布局,拥有组团中心,由于功能差异也体现出不同形态特征。渝中半岛的三中心格局得到进一步巩固。在中心职能上,解放碑一带是商业金融中心,下半城逐渐衰败,两路口—上清寺一带在原有职能的基础上进一步发展。改革开放新时期,重庆相继修建了重庆长江大桥、牛角沱立交等大型项目及改造重点交通设施,重庆的市政设施在当时便具有国内大城市的中等水平。为了缓解城区内交通枢纽的阻塞状况,重庆市又先后修建了菜园坝、石板坡、牛角沱立交。立体交通方式的增加,使渝中半岛交通网络呈现出越来越强的立体特征。

1997年,为庆祝重庆市成为直辖市,重庆市、渝中区政府把原解放碑大十字街区(含民权路、民族路和邹容路共2.24万 m^2)改造成为中国第一条商业步行街,并称"西部第一街"。此后,渝中区政府又分别于2000年和2001年拓展解放碑街区至八一路中段和民族路延伸段,面积也增加至约3.6万 m^2 。1998年,为加快对解放碑商业的培育,市、区政府以解放碑中心购物广场为核心,把东起小什字、西至较场口、南起新华路、北至民生路,方圆约 $1km^2$ 的范围规划为解放碑商贸中心区,集购物、休闲、旅游、商务、餐饮、娱乐等综合功能于一体。区域内有大都会广场、美美百货、渝都大酒店、重庆百货大楼、新世纪百货和重庆世界贸易中心等大型商场,商业经营规模大,现代商业气氛浓厚。

1. 对外交通联系不畅

渝中半岛的交通瓶颈集中在对外通道上,一方面是由于渝中半岛处于区域的中心位置,与各组团及组团中心都产生较强的联系,大量通勤交通都在渝中半岛与外围间运转,潮汐现象严重,高峰时期极易拥堵;另一方面,东西向对外通道除了中干道外,其余道路全局通达性都较弱,容易导致车流无法疏散而堆积造成拥堵。从道路自身承载力看,渝中半岛现状虽有数条对外通道作为组团间连接,但渝中区半岛基础设施建造年代较早,改造速度远滞后于快速增长的交通需求,随着城市经济发展和私人小汽车拥有量的增加,原有基础设施无法承载目前的交通需求。

目前嘉陵江大桥、黄花园大桥和石板坡长江大桥的出渝中方向已经超过了设计通行能力(6000pcu/h),其他桥梁进入渝中区方向的通行量也逼近或超过大桥的设计通行能力值。过境交通网络低效严重影响城市空间的运行效率。除此之外,渝中半岛对外交通节点的连通性,对整体交通网络的运行效率也有着重要作用。渝中半岛南北向与东西向平面上的转换节点中,近一半是非互通式立交,未能对道路车流进行有效分流,制约了纵横向车流的转换,导致半岛东西向的拥堵情况以中干道、北干道最严重,中干道是因为集成度较高而吸引大量车流,北干道则很大程度上由于对外节点数量较多,同时沙滨路与对外交通的节点大量不互通,阻止了车流向滨江路转换。

2. 内部道路网络连通性差

渝中半岛内部路网呈现出典型的山地特征。路网形态顺应地形起伏自由布局,非直线系数大。相比环形路网和格网状路网,自由式路网的可靠性和稳定性较低。然而在山地环境中路网形态无法改变,因此为适应城市高密度发展需求,对道路的连通性要求会相应增加。渝中半岛为山丘地形,分为三个不同高度的台地,道路依山而建,分台而筑,纵向跨越的三级台地高差极大,为道路建设带来极大难度(图2-10)。渝中半岛内部道路的弱连通性主要表现在以下三方面:第一,渝中半岛南北向只有为数不多的几条支路,如北面的北区路、大溪沟路,南面的南区公园路、凯旋路、中兴路,因地势条件限制较大使支路成为连接南北的主要方式,而作为交通转换的干路很少。支路等级较低,在道路网络中功能非常脆弱。第二,受到山地地形的影响,渝中半岛内部分离式立交较多,使部分道路未能实现有效连通,同等路网规模下,路网所发挥的交通连接性会有所降低。第三,同样受地形影响,半岛内部支路多尽端道路,尤其是大片老旧居住区内部,多以尽端道路+梯便道的模式连接,除此之外,支路与滨江路的联系也较差。在许多成熟的高密度发展城市,支路是疏散车流的重要手段,支路体系不完善也是导致整体路网结构连通性差的重要因素。

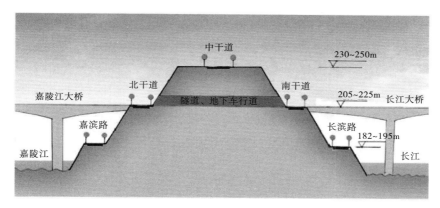

图2-10 渝中半岛地形剖面示意图

3. 公共交通网络建设不足

从现状看,渝中半岛主要有公共汽车和轨道交通两种公共交通模式。公交线路主要集中在中干道、北干道和南干道上,而滨江路及其他道路上线路分布很少,滨江公交线网缺失导致城市滨江功能无法得以充分发挥,道路的服务性能降低,无法聚集人流。此外,渝中半岛公交线网的重复率高,容易在高峰时段引发道路拥堵。公共交通资源分配不均导致城市道路无法提供给居民最有效的服务,在有限的道路资源条件下,公共交通对局部道路的占用量过大,容易造成道路拥堵。网络化的轨道交通是城市高密度地区人群快速集散的核心载体,渝中半岛目前有4条轨道线路。从服务半径来看,轨道交通站点(包括规划站点)基本能实现全覆盖。但由于渝中半岛呈现多级台地地形,为方便服务片区所有居民,轨道交通站点需要利用人行垂直设施和与公交站点紧密衔接,才能充分发挥其服务效能。地铁1号线各站点均能做到附近换乘,2号线的轨道交通站点与公交站点衔接较差,尤其是沿江段的轨道交通站点距公交站点均较远,换乘十分不便(图2-11)。

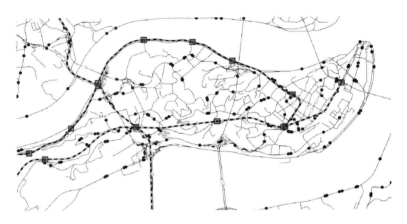

图2-11 渝中半岛公共交通站点分布示意图

4.步行交通网络不完整

步行作为适应渝中半岛山地地形的主要交通方式,其步行网络由人行道、梯便道、巷道构成。这些步道作为路网功能的补充,连接上下半城、主次干路、支路和各个居民区,其形态完全顺应地势而建,纵横交错,形成了独具特色的交通网络。但随着城市旧改的推进,原来完整的步行网络被打断,无法有效发挥衔接作用,其中以滨江路周边的步行网络最甚(图2-12)。在山地地形城市中,步行交通设施如地下通道、人行天桥、垂直电梯等步行交通设施构成了地下-地面-地上三维立体连接网络,共同作用保障人行系统的连通性,并有效与机动车体系分离保障步行安全性。目前半岛内步道对立体人行设施考虑较少,人车混行、出行不便的问题较多,对空间可达性影响较大。

六、广州上下九和北京路

广州自古便是岭南地区重要的政治、经济、文化中心,拥有悠久的商业历史,是全国重要的商业城市。清朝闭关锁国时期,广州是当时中国唯一对外开放的口岸,商业的不断发展在很大程度上引导着城市建设。近代之前,广州的城市中心及主要建设基本都在现今的越秀区内。民国时期的大元帅府以及新中国成立后的广东省、广州市政府均设置在此,越秀区也因此成为名副其实的"广府文化"中心。广州虽历经两千多年的建城历史发展,历经十多个朝代,城市规模也不断扩展,但城址的中心始终未变,演变轨迹以现今的北京路为中轴线不断叠合向外展开,因此城市发展历史在时间和空间上均保持了良好的连续性,这一现象在中外建城史上都实属罕见。

a) 台地间横向距离短　　　b) 立体架空道路导致步行可达性低　　　c) 滨江路人行道狭窄

图 2-12　步行网络构建难点

广州上下九和北京路区域,均位于越秀历史城区内,属于广州最早的商业发源地。早在唐代,广州便出现了具有一定规模的生活日用品店和旅店;宋代,广州往西向扩建,商业店铺也随之向西城的街巷转移,并逐渐形成了米市、大市等商业街区。明代,广州商业中心地位进一步提升,逐步在城外西关这一重要的通商要地形成了十八个"甫"的商业街区。发展到晚清时期,已形成了现今的北京路和上下九—第十甫路范围的两个商业中心区。民国时期,民族资本注入,新式轮渡码头和交通设施在长堤、西堤一带兴建,随之集聚发展起一批大型商业设施,那时建成的众多商业设施也得以保留延续至今,就此形成了较为完整的北京路和上下九商业街区形态。广州是国务院首批公布的国家级历史文化名城之一,现已划定了26处历史文化街区,形成了"点-线-面"全要素保护体系。北京路和上下九—第十甫均属涵盖或属于历史文化街区。

(一)上下九—第十甫

由前文介绍可知,上下九—第十甫商业街区所在的广州西关地区自古便是商贸集中区域。其建设历史可追溯至明代,当时为适应商品的流通、促进商业经济的发展,于成化八年(1472年)在城外开凿大关河,西关便由"昔之辟地"成为"今变通津","居贾行商,往来络绎",此外以"甫"为基本建制共建立了18个商业自卫组织。嘉靖四十四年(1565年),选择在此构筑新城,以获取更多的空间容纳更多的商号。清代,珠江边的新豆栏、靖远街、同文街等十三行一代逐步因水运形成新的对外通商贸易区。在第二次鸦片战争中,十三行商业区被焚毁,其中的沙面片区被划为租界区,原有商业逐步迁入上下九一带,而邻近沙面的西关街一带自然而然地成为新的贸易区。上下九一带发展至清末时期已极其繁荣,成为全国与海外进行贸易往来的重要窗口区域。民国初期至20世纪20年代,广州的棉布产业发展迅速,投资增多,市场活跃,这一时期的绸布零售商多集中在上下九一带。此时,也出现了一批纯做批发的纱绸商,称为"金丝行",集中分布在上下九及打铜街一带。这一时期的道路体系基本保留了清代以后的街巷建成格局。民国时期对主要街巷进行了一定拓宽并修建了沿街骑楼,形成了较为宽敞的主街空间,与其他街巷的尺度有所区别,成为上下九街区的主要道路骨架。上下九—第十甫街区整体规模约为0.13km²。

经历了漫长的历史演化过程,上下九街区的整体空间肌理呈现出显著且多样的拼贴特征,各个小区域的发展程度极不平衡,主要表现为现代商业大楼、大量低层传统民居和新建高层住宅混合并存。造成这一现象的根源在于20世纪80~90年代,荔湾区(上下九所处的行政区)进行的旧城改造,由于当时改造需求大,政府资金又缺乏,同时可以拿出土地的单位都可进行独立开发,城市建设缺乏管控,导致房地产项目遍地开花。这种"有水快流""见缝插针"式的旧城改造模式既分散了市场需求,又严重破坏了历史街区的风貌格局,荔湾广场、富力广场等大型商业项目便是当时的建设成果。其中荔湾广场对于历史肌理的破坏更是其中典型,其改造用地规模达4.5万m²,总拆迁面积达9.783万m²,涉及30多个工厂、100多家店铺,改造后为一栋占地3000m²、高32层、建筑面积为31万m²的现代商住建筑。将一个体量如此巨大的现代建筑简单粗暴地放置在历史街区环境之中,把上下九主街拦腰斩断,对历史文脉和肌理造成了巨大破坏。

上下九—第十甫街区的干道路网由南北向的康王路、文昌路、华贵路、宝华路等和东西向的宝源路、多宝路、长寿路等干道组成,整体近似方格网状,街区内部道路,如宝华路、上九路、桨栏路、文昌路等多为民国时期的历史街巷加以改造而成,道路多较窄且路网密度较低(图2-13)。

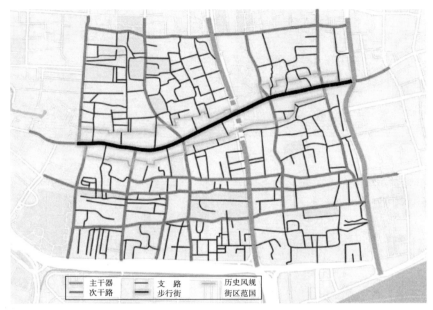

图2-13　上下九—第十甫道路系统图

为了改善旧城交通条件,分别于1987年、2002年5月开通了人民南路高架桥、康王路这两条南北向的主干干道,虽然改善了西关地区交通,却对街区肌理也造成了较大破坏,造成了街巷历史景观的割裂(图2-14)。现状街区内道路除康王路和人民南路外,其他道路均为单行道。这种单行组织形式有助于缓解历史街区的交通拥堵压力,一定程度上保障行人安全。但就上下九街区当前的实际交通状况来看,道路功能未做区分,导致功能混杂,尤其地块内的批发门市和专业门类市场较多,导致货车通行需求较大,在高峰期较易出现严重拥堵。

上下九街区内共设有30余条公交线路,约20个公交车站,两条地铁线路共两个邻近站点,整体上公共交通较为便利。公共停车场分布主要集中步行街以北,具有一定规模且可对公众开放的停车场设于文昌多层停车楼和荔湾广场,共可提供泊位726个,此外在十八甫路、和平中路、光复南路、桨栏路、杉木栏路等处共设置了229个路内停车位。由于步行主街周边多为批发市场,由货车上下货引发的停车乱象时有发生,且货车的路内临时停车行为严重干扰了其他车辆的通行,易造成交通堵塞(图2-15)。

图2-14　人民路高架对街区风貌的影响

图2-15　批发市场上下货占道易造成交通拥堵

(二)北京路

北京路街区范围为北京路、广大路—惠新西街、惠福东路、广卫路围合而成的区域,其中包含历史文化街区核心保护范围$7.56×10^4 m^2$,核心保护区内涵盖北京路步行街和大佛古寺。泰康路从东西贯穿整个街区,将其分为南、北两个部分,北部以骑楼街、广东省财政厅为特色风貌建筑,南部以大佛古寺为主要历史建筑。2006年,越秀区政府将广东省财政厅、沿江路天字码头、起义路、文德路所围合的约1.2km的区域划定为"北京路国际商贸旅游区"。

广州建设初始的城址选在背靠白云山、面朝珠江的一小片范围,虽经2000多年的历史演变,珠江岸线不断南延,但城市的中心区域仍一直留存在现今的北京路和中山五路交界一带。广州城市的建设发展可在某种程度上看作是浓缩在北京路上的发展变化。秦朝大一统后设立南海郡,于公元前214年在现今仓边路一带修建规模约$0.07km^2$的番禺城,因其形态方正又称作"任嚣城"。公元前206年,赵佗建立南越国,将原有的番禺城址扩展形成了规模约$0.3km^2$的"赵佗城",当时的宫城内只有王宫贵族的宫殿、府邸,北京路作为宫殿的联络道功能使用。广州发展到隋唐时期已形成了"州城三重"的空间格局,整体规模进一步拓展约为$1km^2$,在城址北侧形成了较为完整的官衙区域(现今广东省财政厅)。五代十国时期,南汉将城址划分为内城和郭城,内城在现今广东省财政厅—儿童公园一带的高地处,内城的南侧是皇城,整个城市呈现坐北朝南之势,形成了官衙区至清海门再到江边的中轴线,即现今的北京路,沿线的商铺、旅店林立,商业服务设施大多集中在这一带。唐代商业发展至繁荣鼎盛时期,商业设施不再集中于一处,北京路一带从较为单一的政治功能开始转向商业商贸功能相结合,并在继续向南拓展至文明路一带。宋代又对城市规模进行了大规模扩展,由原来的"一城"扩张为"三城",即"子城—东城—西城"的格局。当时的子城范围涵盖了大部分现今北京路的街区范围:北段由现今的中山四路至北侧城墙处为官衙所在地;中段以双门底为中心向南至西湖路为商业中心;南段现今惠福路到江边为码头区域。

  明清时将宋代的三城格局进行合并,整个城址范围向北扩展至越秀山、向东扩展至大东门、向西扩展至西濠,形成了如今广州市老城区域的雏形。惠爱街即现今的中山路作为东西向的主干道,将城区一分为二,沿线集中了各类官衙,是当时的政治中心。清代时期,北京路其中的中山五路至西湖路一段被称为双门大街,在西湖路口设有当时著名的拱北楼,其外形宏伟壮丽,成为整个城市的著名景点,由此北京路也被称为"双门底"。因为北京路直通当时供官员登陆入城的天字码头,所以在北京路的北段与中山四路和中山五路形成的地块,集中聚集了当时官员及其家属的居住官邸。这部分高收入人群的聚集也带来了旺盛的消费需求,此区域逐渐形成了全市范围内最为繁华的商业区域,汇集了众多著名商号。此外,在北京路的西段、西湖路以北一带云集了众多书院,又给北京路增添了不少书卷文化气息,并随之在文德书坊街一带汇聚了众多书店、文具店等。此时,春节买花装饰房屋的习俗开始出现,在此也出现了花市,形成了保存至今的"迎春花市""逛花街"成为人们的春节过年习俗。辛亥革命后建立民国,广州的近代城市化进程也随之展开。城市整体规模围绕原老城区域向外围进一步拓展,划定了初步的城市功能分区。新的行政中轴并未延续原老城区的主轴,而是另起一段与原有主轴平行发展,构建近代广州城市的发展轴线。由此,北京路作为政治象征的行政中轴线的空间意向逐步弱化,其商业功能占据主导。广州市市政公所于1918年10月进驻育贤坊禺山关帝庙,并随后进行了大规模的城市改造计划,北京路也历经多次更名和改造建设。中华人民共和国成立后,北京路逐步形成了以文体用品、工艺品、药材和餐饮为主要业态的复合型商业街区,汇聚了众多各类全国文明的老字商号。改革开放后,人民的生活和消费水平有了较大提升,为应对当时的新消费需求,北京路作为传统商业街区进行了一系列商业升级和街区改造。彼时的文化用品店逐渐从商业区位较好街区撤离,被大批服装店、鞋店、皮具店等业态替代。西湖商场于1985年拆除并兴建了一座30层现代百货商场——广州百货大厦,至此大型商场不断新建,数量增加,商业空间开始由传统转向现代空间形态转变。随着当时全国各地商业街区的兴建改造和繁荣,北京路也开始了自身现代商业步行街的转型,先于1997年更改为双休日实行步行的"准"步行街,直至2002年1月1日实现全日步行,其北段即广东省财政厅至中山五路段也开始实行分段步行。随后,北京路又历经多次规划改造,进行了道路提升和立面整治,全步行范围也有所拓展。新型现代大型百货商场如天河城、广百百货等不断涌现,北京路商业街区已逐渐转变为现代商业街区。在规划改造过程中相继发现其地下保存的南越国水闸遗址、南汉时期的道路遗址、拱北楼的建设遗址等,极大引发了政府和民众对于历史文化保护的关注和思考。基于此,北京路于2003年再次改造,并于商业主街入口处铺设了可以欣赏千年地下城址演变遗址的玻璃路面。北京路核心商业段也至此从最初的700m的街道发展成为具有"五横三纵"结构、规模达0.34km²、全步行长度为0.96km的功能多元、传统与现代融合的商业文化街区。

1. 路网结构

北京路商业街区内部路网整体呈现"三横两纵"的骨架形态。"三横"由北至南依次为东风中路、中山路和沿江路;"两纵"由西至东依次为解放路和东濠涌高架。街区内部因无交通性干道穿越,在外围被上述交通性干道包围,有效分流了过境交通,使得街区内部路网具备较强的整体性。由于北京路街区对于历史留存的道路肌理保存较好,因此路网密度也较城市一般地区高、尺度较小。北京路街区因其类似方格网状的道路体系,具备较好的先天应对交通压力的能力,能疏解交通、均匀分散压力。但现状由于交通组织欠缺和交通需求增长过快,使得交通压力集中于文明路—中山路、解放路—北京南路等部分路段,导致其交通压力过大,其他路段的通行能力未能有效挖掘和充分利用。而支路多遍布于老旧居住功能区内,受制于路幅狭窄,通常不可通行机动车。

2.通行情况

北京路街区由于路网密度较高,可供机动车通行和分流的道路较多,可保持较为良好的服务水平,因此在高峰时段相对顺畅,拥堵情况相对不严重。得益于良好的路网结构,较少实行路段管控措施,步行街主道及周边少数区域全日禁止机动车通行,北京路北段周末禁止机动车通行,德政路、侨光路、起义路等道路实行单向行驶。

3.停车设施

北京路街区内的大型现代百货商场和办公楼的停车配建较为完善,但并不对外使用,面向公众使用的社会停车设施缺乏,仅动漫星城一处。大量停车需求主要依靠路内停车解决,这也严重挤压了机动车和其他车辆的通行空间,如北京路北段、大南路、教育路等。由于未建立完善的停车诱导系统,车位的供给情况和需求情况未能及时互动进行良好匹配,导致局部车位过于饱和的情况经常出现。此外,还存在停车指示信息少或更新迟滞的问题,难以起到有效的引导。

4.步行环境

北京路商业街区有较多全步行街道,如北京路步行街、高第街、惠福东路美食街、愚山路,因此该街区的步行出行比重较大。此外,独具岭南特色的骑楼与人行道相互配合,加之本就较为连续的步行网络,营造了良好的步行环境。但部分地区受道路空间资源限制,为保障机动车通行,人行道较窄,加之建成时间较早,整体环境也有待提升。街区整体在过街设施的设置上较为完善,多为平面过街,交叉路口设有信号灯控制,较宽的路口设有安全岛,在人流密集的商业核心区路口还设有专人进行人工管制。

5.公共交通

目前北京路整个街区的公共交通主要有轨道交通、公交、水上公交和出租汽车四种,其中轨道交通和公交站点的覆盖率均较好。街区内有1、2、6号线3条轨道交通线路穿过,共设有5个轨道交通站点,能够保证街区500m服务半径覆盖率达到80%。街区内共设有35个公交站点,基本实现了街区范围的全覆盖。但受道路空间制约,以及人流、车流量大等因素的影响,公交运行速度较低,多保持在15km/h以下,在时效性上的可靠性较差。此外,受用地条件制约,无独立公交场站,仅有的4处公交场站均为"路内总站+路外停车"模式设置。水上公交站设置于天字码头,白天可解决通勤需求,夜晚可承担旅游功能。在出租汽车方面,主要存在缺少落客标识及高峰期打车难等问题。

(三)特征比较

广州上下九—第十甫和北京路是商业步行街中的两种典型形态,上下九—第十甫保持着"主街—巷/坊"的街巷格局,北京路则保留着传统宫城方格网式的街巷肌理和典型骑楼街的尺度。上下九—第十甫是以街区内部道路为主形成的商业街区,北京路是以城市道路和区域内主要道路为主形成的商业街区,虽同为步行街商业区,但由于形成的空间形态和演化实质不同,实际呈现出的使用状态也截然不同。

上下九传统商业街区:整个商业街区范围无城市干道分界,以原内部次、支路为边界分割,所以整个街区与周边街区风貌无较为明显的区别。除商业主街外,主要为低层老旧居民区和零售商业混杂区域,其间街巷宽度多为2~4m,这一类型的街巷在区域道路总长度占比最大,约为区域道路总长的40%以上。步行街主街沿线的部分宅间街巷除承担片区内的日常慢行出行外,还较区域内其他街巷多附加一部分承担步行街的商业后勤功能,用作仓库、厨房等,例如宝顺大街、广州酒家等路段。由于这部分兼有后勤功能的街巷多以片段形式出现,对上下九整个商业街区的实际功能和性质影响作用较小。人流、物流活动较为活跃的积极型边界多集中在街区的主要街道上,除延续的零星批发商业业态外,主要为街区内居民较常使用的公共区域,与该街区内的商业步行街的零售业态没有直接发生关联。简而言之,步行街的功能没有实质性渗透进周边街巷中,街区内的大部分街巷仍保留着生活性功能,形态和位置上与步行街平行发展。

与上下九商业街区不同,北京路街区是由四条交通性城市干道围合而成,街区内外的风貌有明显差异,历史核心保护范围内以低层传统民居为主,而保护区外以大体量的现代高层建筑为主,在邻近保护区边界内建筑在体量和层数上有所削减,以形成更好的过渡性风貌协调。该街区内以商业为主导,同时又具有公园、绿地、公共建筑等公共空间功能。街区内远离步行主街的街巷也多为商业功能,整体街区性质比较一致和统一。实际上,北京路的核心保护范围分南北两段,北段的东侧区域为建设控制地带,在不破坏历史风貌的前提下可以进行部分改、扩建。整个街区的功能、性质差异较小,较为统一。

七、成都宽窄巷子和太古里

成都地处我国西南地区,境内地势平坦、河网纵横、物产丰富,自古便有"天府之国"的美誉,是中国留存至今"城址未变、城名未改"、历史最为源远流长的城市之一。国务院于1982年将成都列入我国首批历史文化名城。成都主城区至今完整保留着三套路网的基本形态格局:明朝之前,受地形气候影响,城市沿北偏东约为30°主轴分布(现大城格局);而后受战争影响,明朝依旧制重建,确立南北正轴新格局(现皇城格局);清朝时,大城中增设满族兵营,形成鱼骨形式(现少城格局),旧城街巷形态保留至今。

成都按照历史文化名城的管理相关规定制定了相应的历史城区保护规划,按保护规划要求,共划定了4个历史文化街区以及14个特色风貌片区。自2002年开始,市政府利用城市更新机遇,陆续对宽窄巷子、大慈寺以及文殊院三片历史街区进行整体环境提升和商业业态策划。其中,大慈寺历史街区原本就是城区内独具特色的商业、居住混合功能区街区,以大慈寺为中心,寺院门外商铺林立、居住密集,整个街区内的核心保护范围约为$0.11km^2$;文殊院历史街区则是以著名佛教寺院的文殊院为中心形成,划定了核心保护范围,约$0.17km^2$;而宽窄巷子历史街区是作为特殊的传统民居风貌闻名,其特殊之处在于其街区形态为北方四合院,其核心保护范围由宽巷子、窄巷子和井巷子共三条街巷组成,总规模约为$0.07km^2$。大慈寺历史街区和文殊院历史街区有诸多相似点，均是以宗教建筑为核心向外围扩展形成街区，在街区肌理、空间形态和商业业态上存在较多相似性，因此本次研究仅选取大慈寺和宽窄巷子作为研究对象。

（一）宽窄巷子

自秦朝以来，成都便作为西南重镇，成为国家发展要地。从先秦时期到蜀国时代后期，成都的整体城市格局都呈现"主轴偏心"的形态，即城市主轴线分为北偏东和南偏西方向，由此便发展形成"大城+少城"的双城特殊空间格局，这与当时北方中原地区的传统城市功能布局有着显著不同。经济职能集中于少城，政治职能则集中于大城。因此，少城相较于大城，生活氛围更加浓厚，更能代表当地人日常的生活状态。城市发展演化到明朝时期，更强调皇权的权威性，便将原有的"主轴偏心"改为正南正北的传统方正格局。清朝满族入关统治，成都的军事战略地位得到提升，加之不同民族和地域的生活习惯不同，随着部队的进驻驻扎，带来了大量的北方建筑、文化特色。宽窄巷子便成为其中风貌的典型集中区，并完整留存至今，该片区至此成为北方建筑在南方地区生根发展的典型代表。自清代起始，宽窄巷子成为军队驻军的生活和居住场地，并配有为其服务的商业。随着辛亥革命开始，清政府下台，其总督赵尔丰交出政权，引来大批当时的名人显贵在宽窄巷子处修建了大量公馆。1949年新中国成立后，政府将原公馆、住宅、院子作为福利分配给国有企业的职工，发展到此时，宽窄巷子仍保留和延续了其初始的居住功能。成都市政府于2003年正式公布对宽窄巷子街区的改造计划，旨在在保护历史建筑的基础上进行活化利用使其保持持续的生命力，并最终确定形成以旅游休闲为主的复合型巴蜀特色文化商业街区。由此，宽窄巷子由传统居住区彻底转变成为商业街区。

宽窄巷子街区由宽、窄、井三条巷子平行排列而成，其中包括传统街巷及其之间保存完好的四合院落群（图2-16、图2-17）。宽窄巷子的改造较为完整地保留和延续了其原有的川西民居建筑风格、源自北方胡同的街巷性质以及"鱼骨状"的道路肌理。这种格局形式便于街道自发式管理，并奠定了宁静、悠闲的生活基调。宽窄巷子的街道断面高宽比为1:1左右，宽巷子整个宽度约为7m，窄巷子和井巷子的宽度约为5m,其两侧建筑多为一、二层,为5~8m。宽窄巷子整体以特色餐饮为主,其次配以休闲茶馆/咖啡/酒吧提供休闲功能,以及酒店客栈等为旅游客提供特色住所(表2-6)。

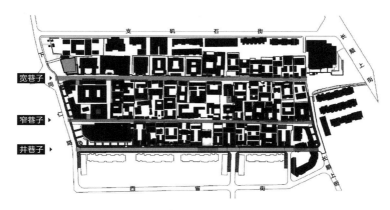

图2-16 宽窄巷子街巷肌理图

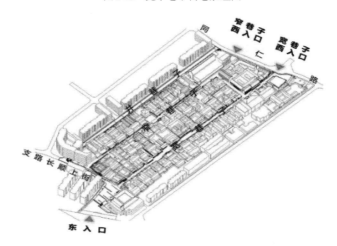

图2-17 宽窄巷子空间鸟瞰图

各巷子商业经营主题 表2-6

巷名	商业主题	主要业态
宽巷子	闲生活	休闲、大型餐饮
窄巷子	慢生活	餐饮、娱乐、特色零售
井巷子	新生活	私家宅院、休闲服务(采耳、茶馆等)

1. 道路通行情况

宽窄巷子片区路网格局沿袭少城鱼骨架形态，多西北—东南走向支路，南北向机动车道仅一条。宽窄巷子南邻城市主干道金河路，临河道路为人行景观步道，西侧北部道路无法贯通，地块西侧内部道路设置为尽端路，故进出宽窄巷子核心景区主要依靠同仁街联系，在早晚高峰期间还要承担南北方向通过性交通。同时片区东侧分布共有三所中小学，上下学期间瞬时流量增大，并且有家长路侧随意停车的现象出现。总体来说，通惠门—宽窄巷子站点周边空间交通混合度较高，复杂程度较高，机动车和非机动交通秩序混乱。

宽窄巷子核心片区通过四个主要出入口与城市干道相连，实现各主要功能区域独立的对外交通，宽窄巷子街区内禁止车行以步行为主。地下车库布置集中，且出入口邻近城市道路，减少车辆在街区内的地面穿行，同时在地块周边设置2个地面停车场疏散车流。

2. 公共交通

宽窄巷子片区共有5个公交站分布在外围道路上，金河路公交站台密度较高，其中在距离地铁出入口300m范围内的公交站台有两个。公交路径为东西走向，南北方向未涉及，多数公交避开历史街区前后广场以及西侧居住区，绕行距离较远，总体来说城市公交覆盖率较低，未设置社区公交车缓解交通堵塞和居民出行压力。

宽窄巷子片区内设置两条线路的两个地铁站点，面对宽窄巷子巨大的旅客流量能做到较好分流。宽窄巷子站出入口设置在核心街区范围对面，可将游客引导至开阔集散场地，但致使行人进入街区需穿越马路，人车交通秩序混乱，时常发生拥堵。通惠门地铁站共有四个出入口，分流效果显著，突出问题是围绕地铁站点的绿化面积不足，公共空间场地有限，缺乏必要的导视系统，出入口空间景观单调，质量较差。

3. 静态交通

目前该片区的停车实施方案采用集中停放与路侧停放相结合，街区东部为21世纪初新建高层封闭式住区，不对外承担社会停车功能；南北部为20世纪80年代建的多层住宅，缺乏相应的机动车停放设施，主要依靠路边停车解决需求；宽窄巷子核心街区的建筑多为餐饮娱乐功能,街巷性质为步行街,入口处设置了一个地下车库但主要为酒店建筑服务。除下同仁路地上停车场、柿子巷停车场以外,地区主要利用公共建筑及闲置的空地提供一些停车设施,主要包括琴台大厦停车场、锦都三区临时停场、鑫园停车场,满足部分社会停车需求。

4.步行系统分析

总体上,街区步行环境较差,主要不利因素体现在路边停车无序,影响慢行交通的联系性;街道景观品质整体不高,缺乏设计;交通混合度高,压缩慢行空间;部分街道过于狭窄,无法应对上下学的瞬时流量。街区西侧滨河规划有慢行专用道一条,步行友好度较高,景观品质优良。街区东侧南部柿子巷道路红线宽度较窄,建筑退距不够,造成步行空间逼仄压抑,道路铺装偶有损坏,质量不高;西胜街的路权分配倾向于机动车,且由于沿街树木种植不当,致使人行道狭窄,步行空间不连续;街区东侧北部支矶石的街景设计古朴典雅,绿化环境较好,但道路两侧停车现象严重。街区北侧实业街的业态丰富,人行道较宽,间有街心花园,增加了步行空间的趣味性。街区中部下同仁街连接着宽窄巷子核心景区的出入口,人车流量巨大,加之路边设置了两个集中停车场,路程中缺乏专门的步行绿色通道,行人穿行马路降低了下同仁路的通行效率也使得交通秩序变得混乱。

(二)大慈寺(太古里)

成都大慈寺,始建于魏晋,极盛于唐宋,历史悠久,是成都唯一得以完整保留下来的唐代佛寺。大慈寺周边多市场,成都每月的集市活动多数集中在大慈寺周边进行。大慈寺周边的油篓街、糠市街、纱帽街等街名,也可看出是由各种市场发展而来。大慈寺片区属于大城的核心区,唐代兴起筑罗城改策,强化里坊制度,唐代罗城奠定了成都现代城市格局,以660m×660m为里坊模数。其内部的街巷骨架延续里坊十字街、十字巷格局,形成外向的街巷制度。其结构为:从棉花街分别向南北各分一路包围大慈寺,形成以大慈寺为中心、商业街为骨架、城墙为界的完整形态区域。

大慈寺街区于1958年将总府街以东区域进行拆建,包括拓宽原胡广馆街、棉花街,并新建了一套穿越北纱帽街中部直通府河的东西向交通干道,即现今的蜀都大道大慈寺段。因为蜀都大道的修建,大慈寺过渡空间被分为南北两个部分,北侧建筑大部分重建为行政建筑变化较大;南侧建筑主要为三类:合院、独栋以及混合型。随着城市更新,北侧主要演变为行政功能或其配套居住,南侧部分进行重建;1998年大慈寺及周边划定出了9.8km²的历史保护区,因此该范围建筑几乎保持晚清的三合院状态。2002年之后,因与春熙路风貌不协调,展开了23万m²的拆迁,直到2009年拆迁工作基本完成。2004年,政府主导的第一轮更新开始,但因为缺乏动力,进展迟缓,最终在2011年拆除需要更新建筑。2007年和2010年,九龙仓、远洋和太古里分别拍得大慈寺西侧和保护街区内的开发建设权,开启了开发商主导的更新,并于2015年完成了全部商铺的开业。

大慈寺片区,西部紧邻成都传统商业步行街春熙路,地下商业街与地铁2号、3号线换乘站春熙路站直接连通,属于成都老商圈的核心地区。改造设计中保留了大慈寺古建筑和其他四处历史建筑,新建建筑为2~4层低层商铺,整体占地面积70800m²,总建筑面积251800m²,容积率3.55。

在原有的城市空间布局中,大慈寺占有绝对主导地位,太古里的改造设计悉数保留了原有的历史街巷肌理,强调历史信息的留存和延续,不因现代通行需求取直原曲线形状。大慈寺保护区内部全面采用步行,外来车辆动线在地块外围。此外,依据现代商业业态需求、人流来往方向、景观视线处理等需要,进行不同曲线、动势和尺度等划分,规划设计了新的道路。通过新旧叠加使得历史道路肌理可以清晰识别的同时,与非物质文化资产相结合,并通过新街、旧巷的渗透、叠加和对比,生长出新的街区肌理。整个街区的尺度遵循的基本原则如下:街巷要延续原有宽、窄收放自由的形态;建筑高度以二层为主,局部可设三层采用退台处理;以广场+庭院的方式营造收放的自由空间感受。

1. 公共交通

大慈寺片区共有9个公交站分布在外围主要道路上,其中在距离地铁出入口300m范围内的公交站台有4个。片区内有两条线路的两个地铁站点,面对宽窄巷子巨大的旅客流量能做到较好分流。公交、地铁站点与街区主要人行出入口侧方向一致,便于行人到达,整体较为便捷。

2. 车行系统

片区设有可停泊近1100辆机动车的地下停车场,配有东、南、北三个地下车库入口。供货和服务性车辆主要从东侧与北侧进入地库。在多个关键的片区步行入口部位,如西侧和尚街、西南迎宾广场、玉成街北口和南端、章华里马家巷北端位置,设置了旅游车辆、出租汽车、私人车辆和服务性车辆的临时停靠处。

3. 步行系统

大慈寺片区的改造以"快耍慢活"为核心设计主旨,建筑采用"点状+联排"的布局方式,从东、南、西三个方向环绕大慈寺,整个建筑群呈现"U"形,整体分为:多栋点状建筑布局的西里(奢侈品牌云集),面状稍大体量布局的中里(小众品牌及餐饮),面状小体量对称排布的东里(快销品牌及餐饮)三个部分(图2-18)。基于东、中、西里三大区域的空间分布基础,根据不同业态对区位的需求不同,进一步划分出"快""慢"里两条商业流线:"快里"由远离大慈寺的两条主要步行主街构成,以活跃热闹的表演空间、户外餐饮、商业摊档为主;"慢里"围绕大慈寺、大慈广场以及神道形成,以文化餐饮、艺廊、茶道、书店等慢生活氛围为主(图2-19)。

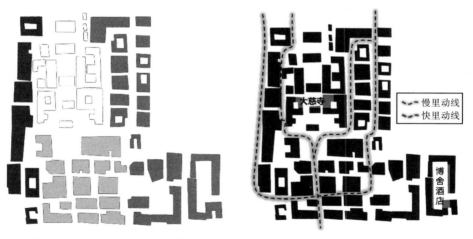

图2-18　太古里片区东、中、西里布局图　　图2-19　太古里片区快慢里动线

整个片区的街巷划分为三个层级:10m、6m、4m的街、里和巷(图2-20)。在大慈寺主轴规划了13m宽的神道,通过较为工整的形式和缩放空间组织,连接寺前广场和东大街。以神道为主轴,采用10m宽的弯曲道路连接各主要小广场、东西与南北方向的主要商业步道,引导主要商业人流。另采用4m和6m宽的路径从纱帽街、东西糠市街、玉成街向整个片区腹地渗透。在大慈寺东西两侧,通过退让空间依托

寺庙红墙形成步道,结合解玉溪的意境规划设计水系并形成水巷。

图 2-20　太古里片区街巷分级系统

4.连廊系统

太古里片区的建筑高度多为两层,少数建筑局部为三层退台,其采用连廊的方式将整个建筑群的二层贯通连,形成了另一套完整的步行体系(图2-21)。太古里的连廊大部分都为露天形式,主要结合其上下层的流连转换节点如楼梯、附体设置,并在有条件拓展的部分进行拓宽形成宽度约为14m的平台,以起到增加公共活动空间、商业外摆、形成错落丰富的空间等作用。具体如:环绕市民广场的连廊为单侧外廊形式,宽度约为4m,主要起到提供开阔视线,以不同高度观察广场上的人群和活动;在街区西侧邻近大慈寺一侧的连廊也采取单侧形式设置,约为6m宽,形式上结合商业进行设计以提供更多的商业外摆空间,并与邻近的大慈寺外墙彼此呼应协调;街区东、南两侧则结合天桥采取双侧形式,宽度不一,平均约为7m,可形成多层次的步行体验,在与天桥和建筑的连接处可形成交错的视线通廊,可同时提供休息交谈的空间氛围;街区其他区域设置的连廊主要为解决通行的需求,一般宽度约为3m,在局部具备条件的区域拓展为平台,作为商业外摆供商家设计使用,还可增设休闲座椅、箱式绿化等提供休憩空间。太古里的连廊系统串联了分散的建筑单个体块,将地面层的商业人流通过垂直交通引入二层,有效地提升二、三层商业活力,垂直设施、连廊阴影、建筑转角等形成了首层的诸多灰空间,结合二层连廊

第二章　概念界定与对象分析

的通透和抬高视线,共同形成了丰富的慢行空间体验。

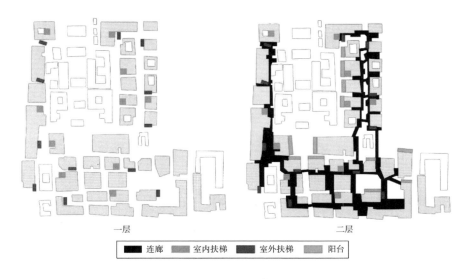

图 2-21　太古里连廊体系示意

八、天津和平路和滨江道

(一)天津传统商业中心的形成及变迁

1.旧城区传统商业中心

天津由于自身独特的地理位置,河海交汇、漕运发达,当时全国驶入京城的船只必须经过天津,这又进一步促进了其漕运的发展。天津在对外通商开埠之前就已发展成为商业发达的繁华城市。发达的水运系统促使天津的路网形式服务于货物更为便利、迅速地集散流通,是以码头为中心向四周放射发散式的路网。天津也因其重要区位和发达的水路交通体系成为当时北方最发达的商贸中心城市,并在码头附近的三岔口地区形成了几片较为集中的商贸市场,这些市场的初始形态采取中国传统商业的"街"和"市"的形态布设,如当时的南北大街、河北大街、北门外大街等,都是设置在连通水运码头的主干道路上,以利于物资的集散和交易。这一时期的商贸市场规模还较小,经营的商品类型还较为单一。随着通商开埠,商品交易的规模和种类不断扩大,天津的商贸市场里的商品种类也越加丰富,原有的商业市场规模迅速扩展也出现了专门品类的专业街市,如估衣街、锅店街、竹竿巷等,以及专门经营海外舶来品的洋货街。当时的商业街市多为沿街2~3层建筑,一层为门市,楼上为住家,多经营布匹、服装和日用品。多样的商业街市充分说明了当时天津作为北方商贸中心城市的地位和贸易的繁盛和特色。天津城南运河沿线、三岔口地区和老城鼓楼周边共同构成了天津商业体系的早期雏形。

2. 南市

天津于1860年对外通商开埠后,运河及码头附近的商业进一步繁盛,但地处老城中心的商业区发展相对缓慢,多沿用传统中国建筑旧制。外国列强进入划分租界势力时期,老城区于1901年拆除了城墙开始修建环城马路,这也成了后期日租界的成旭街,即现今和平路北段的雏形。旧城区位于日租界间的缓冲地带,后称"南市",逐渐从一片空地发展成为繁华的商业街市。南市前后共修建了25条街巷,街区内部商店、饭店、旅店林立,还有茶馆、戏院、烟馆娱乐场所。当时南市的建筑多为砖木结构的简陋平房,后有条件再进行加建,风格受到当时西洋建筑的影响中西并存。当时以小本、零售经营模式为主,暂无成规模的大型商业。随着英法租界的兴建,大量西方洋货进入天津市场,并进行了大量倾销,除商店、饭店、贸易公司外,还开设了大量银行等金融机构。与此同时,迅速发展的天津工业也刺激了商业及商业建筑的发展。1912—1924年,天津老城区几番劫难,老城区遭受了巨大损失,许多高官富商为寻求庇护纷纷迁入各租界区,在原老城中心区做生意的商户认为此时"华界"的时局动荡不安,生命财产得不到安全保障也随之迁入租界区域。至此,从20世纪20年代末开始发展,历经30商业繁盛的老城商业中心迅速衰落,城南沿河一带和租界区域的商业得到快速发展。

3. 原租界区商业中心

20世纪初至30年代期间逐渐转移到英租界小白楼地区及法租界劝业场一带的商业中心得到了长足发展。1900年以后天津的商业中心由旧城区逐渐转移到法租界劝业场一带,这一地区位于法租界1900年扩张界范围内,当时泛称"梨栈",多指空地、水塘与坟地,只有一些平房与零散的小商户。辛亥革命时期,此块区域也未进行大量建设,仍以大量平房和空地为主。20世纪20年代初期,在英、法租界内开始出现聚集成片的餐饮、商店和娱乐街区。随着原有老城区内"华界"商业的迁入,各租界区域的商业得以进一步快速集聚。后又随着英、美租界的合并,解放路的商业格局以小白楼为中心沿线展开并初具规模。此时的业态更为多元、丰富,不仅汇集了顺德大饭店、泰莱饭店、平安影院等餐饮娱乐业,还有专门经营进口化妆品、食品的商行,美容美发、裁缝制衣店等,这一街区成为当时引领天津流行时尚的风向标。当时英租界和法租界的商业繁盛,将中国传统商业业态和近代西方商业模型进行良好的融合,并在天津落地本土化,促使天津成为当时中国北方最具代表性的商贸中心。随着历史发展的起伏兴衰,现如今它们依然是天津重要的商业区域。

4. 历史街区

新中国成立初期的天津城区范围后被全部划定为历史城区,约为 $53km^2$。天津市在1996年版《城市总体规划》中制定了历史文化名城保护专项规划,其中划定了11个区域作为历史风貌保护区;在2005年的《历史文化名城保护规划》中,对历史风貌保护区的个数和具体范围进行了调整,重新调整为9片历史风貌保护区和5片历史风貌协调区;国家在2008年发布并实施了《历史文化名城名镇名村保护条例》,其中首次提出"历史文化街区"的概念,并明确其内涵,天津市政府于2011年据此对2005年版历史文化名城保护规划进行修编,最终确立了14处历史文化街区。这14处历史文化街区多集中在原老城区及海河沿岸,呈带状分布。根据天津城市发展的历史脉络、风貌特征、建筑风格、规划定位等,将天津历史文化街区分为两种类型:类型一,以老城厢、估衣街等为代表的中国传统文化形制格局的老城区街巷;类型二,以鞍山道、承德道、劝业场、中心花园等为代表的融合了多元外国文化特征的租界历史文化街区。

具体到本次研究的重点内容,选定位于天津传统商业中心的和平路和滨江道作为实证研究对象。

(二)和平路

和平路从南北方向贯穿了当时日、法、英三国租界,最初被称为"杜总领事路",后又称为"罗斯福路"。和平路是租界内最早修建的主要道路之一,建于1886年。

从建成之日起，道路两侧不断集中大量洋行商会、高档酒店，迅速成为天津市最重要的商业中心。现如今，原日租界内的和平路段仍较为完整地保留着当时临街商铺的小尺度建筑形式，建筑多为1~2层，与现在一些地方小城镇中的"一层皮"式的商业街布局方式相似。沿线地块深处则是里弄住宅，街区基本是按照商住混合的方式进行开发。与此相反，原法租界范围内的和平路段与原日租界的反差强烈，除少数地块如锦州道、长春道等延续日租界的小尺度街巷尺度和模式外，大部分区域采用了大尺度、放射状的路网形制，如劝业场地块。和平路的建设并非一蹴而就式的，它历经了多个时代和多种文化特征风格影响，整体的街道空间由于特殊的历史时期并未经过统一的预先规划设计，又因各国租界快速抢占势力范围需要，并没有进行街道景观和意向的考虑和设计。但得益于当时各租界区当局的良好管理，和平路维持了较为完整的街道界面，沿线建筑多呈现"L"形围合，贴线率高也得益于此形成了良好的商业街道氛围。

20世纪90年代后，除少数早已列入官方历史建筑保护名册予以保护的建筑外，如劝业场、渤海大楼等保存较为完好，大部分居住建筑和商铺都出现了不同程度的损毁，有相当数量已危及建筑安全不适宜继续使用。街道环境的老旧已无法满足现在消费者和游客的需求，在现代百货型商业中心兴建营业后，吸引走大量该街区原有的客流。和平路街区内原有适宜慢行的道路网络由于空间过于狭窄，无法适应现代以机动车交通为主的交通模式。在建筑、环境和交通等不利因素的影响下，现代商业中心由和平路一带逐渐向南京路一带转移，曾经盛极一时的传统商业中心逐步衰落。为改变这一不良趋势、提振商业活力，天津路进行了两次大规模改造。

1. 20世纪90年代的第一次改造

针对旧城中心区日渐式微的状况，市政府对和平路进行全步行化改造。主要改造内容包括：①重新规划和平路的商业结构和网点分布，使和平路更加符合现代商业步行街的运作模式；②重新修缮破损建筑，粉刷沿街两侧立面，将沿街的建筑统一改造为仿欧式风格，与历史上的和平路建筑风格相协调；③将和平路变为纯粹的商业步行街，将原人车混行的沥青路面改换为花岗岩材质路面；④重新铺设道路管线，更换了路灯、座椅、电话亭等街道家具设施。尽管这种以还原历史场景为目的,"修新如旧"的做法总是为学术界所诟病,但与当时的经济条件和建设意识相比,这种相对温和的改造方式在短时间内还是体现出不错的效果,改造后的步行街既体现了原有欧式城市风貌,也在一定程度上使地区的经济活力得到复苏(图2-22、图2-23)。

图2-22　1976年原租界时期的和平路四面钟

图2-23　2000年复建后的四面钟

2.2002年的第二次改造

从2002年开始,以海河综合开发为契机,和平路地区改造进一步升级。根据海河改造的整体思路,政府将以城市土地30年的收益为抵押,从银行得到改善地区的道路交通和基础设施条件的资金,以此获得城市更新的初始动力。接着通过将具有良好开发条件的土地推向市场,吸引开发商共同参与城市改造,完成城市的新陈代谢过程,唤醒旧城活力。第二次改造的主要内容包括:①改造海河沿线的堤岸景观,为弥补街区空间匮乏、丰富街道景观意向,将不再适宜继续使用的老旧建筑进行拆除,后改造成小广场、街头绿地等公共空间;②完善街区内部的机动车交通,理顺打通路网体系强化街区各个向外部区域联系的交通节点,此外,为满足游客游览需求减轻道路通行压力,还在步行街内增设了观光电动车(线路起点在福安大街而后由劝业场转入滨江道,终点设置在西开教堂);③优化街区用地功能,将原有单一的居住或商业性质的用地根据实际使用需求或发展愿景,进行用地性质的混合,例如沿街一层界面用作商业功能使用,二层及以上区域用作居住功能使用,以吸引更多的常住人口,保持街区的活力。在实际实施过程中,为了吸引一些有实力的开发商,规划部门不得不将若干小尺度的地块进行合并打包出让,这种饮鸩止渴的做法,不仅与规划方案中的设计原则相违背,更直接破坏了街区的历史肌理,例如部分大型商业综合体的建设,直接切断了长春道、锦州道、沈阳道直通河海的原有道路肌理和景观视廊(图2-24)。

图2-24 大型商业综合体切断历史轴线

由于和平路除起始段属于原日租界内,末端属于英租界内,其余大多部门属于原法租界,其整体路网形态继承了法租界方格网式布局,具有简单明确、导向性强的特征,多以100m×70m左右的长方形街区形态为主。道路宽度在6~15m之间不等,多数在7~10m之间,除靠近海河的街道受其水系和地形影响,呈与河流平行关系外,其他街道受影响较小,体现出与方格网相对应的均质化特点。和平路经改造后,商业业态以游客为导向进行调整,整条道路为纯步行,全长1.23km。与之垂直相交的道路有12条,除滨江道外,其他道路均为行车道。垂直方向的车道与和平路步行街交叉路口处设有闸道,有专人值守,仅允许金街(和平路与滨江道相连组成的"十字",统称"金街")的旅游观光车辆通行。街区外围均为城市主干路,北侧入口段的道路交通白天较为拥挤,晚间车辆较少但车速较快,对游客的进入造成了较大的过街安全隐患;西侧入口处由于福安大街的阻隔,路面不可直接过街进入,需通过路口南侧约30m处的天桥过街。西侧业态以服务周边老旧居民区为主,多是小商品零售、小超市和蔬果店,与和平路步行街的经营业态上区别较大,缺乏过渡和衔接,在入口处无法为游客提供有效的引导。和平路南侧经由辽宁路分流主要车流,南侧周边街巷也形成了著名的网红小吃街。辽宁路的西端主要为居民区,游客相对较少,其东端连接中心公园,属原法租界区域,这是一处五路交叉环路,交通情况较为复杂,人车混行严重。和平路街区外部道路东侧整体高于西侧道路等级,且密度也较大,这也在一定程度上决定了东侧发展较西侧繁荣。和平路街区及周边交通情况较为复杂,交通组织和管理不当容易形成事故隐患,此外,外围均为城市主干路,其公共交通系统较为发达,也利于游客和本地居民的出行。

(三)滨江道

滨江道原属旧时法租界,是直线形街道,南北两端分别为大沽北路和南京路,其间有辽宁路等七条小街道与其相交,形成七个小节点。滨江道建于1900年,距今已有百年历史,是原法租界内主要的控制轴线,轴线的尽端是当时整个华北最大的天主教教堂——西开教堂,东部与和平路相交处由劝业场、惠中饭店围合而成的商业交叉路口。滨江道与和平路一样,也是于20世纪20年代随着"华界"和原租界区域的人流、物流聚集而兴盛。

现如今,滨江道沿线及周边仍保留了大量欧式建筑,拱券、曲线阳台、宝瓶式栏杆等西方建筑立面元素,整体建筑风格采用中世纪折中主义风格,代表建筑如劝业场。除此之外,街区内还留存有近代进驻,如亨得利钟表店,并将其纳入官方的历史建筑保护名录,这一时期的建筑呈现经典三段式的里面造型特点,在体量、色彩、材质上都较为协调统一,呈现出浓厚的欧式风情。滨江道靠近南京路段,则以大体量的现代百货建筑为主。

滨江道段的全步行街长度约为2km,宽度稍有变化,整体在15~25m之间,形成了具有一定开合收放的空间变化。街道与建筑的高宽比在1:3~2:1之间,整体空间围合程度不一、空间体验感丰富。街面层的建筑外部里面处理细致、尺度适宜,非常适宜人行走进行动态观赏。滨江道街区范围内共设有3个公交站,虽有两条轨道线路,但因选线处于街区边缘,站点覆盖范围较小,无法承担街区内的大量人流出行需求,仍主要由公交分担。街区内的停车设施匮乏,机动车违停现象较多。街区内也未设置专门的非机动车停放处,共享单车、电动车路边随意停放现象严重,对街道景观造成较多破坏,也影响游客体验。由于全步行街长度较长,横跨了7条城市道路,对步行连续性造成较大干扰。商业街人行高峰时段也会造成这几条交叉路的拥堵。另外,滨江道步行街以及和平路的L形路段内引入机动游览车,对于较长距离的步行是有必要的,但也造成了交通混乱和行人安全隐患。街区内部汇聚了大型商场、超市、小摊点、各种规模餐饮、办公、酒店、居住、医院、学校等建筑,用地功能上高度混合,呈现出较好的功能使用便利性。但局部地块由于功能混合程度高但缺乏有效的管理组织,虽然具有较高的商业人气和活力,但街道秩序比较混乱无序,对街道景观造成了较大的破坏,也严重干扰到了本地居民的日常生活。该街区的交通问题主要如下:

(1)街区内部道路功能不明确。仅就纯步行街范围看来,和平路和滨江道的步行街呈L形,相互连接全程封闭运转,不属于配置公共交通的开放性的商业街道,通行性活动在街道内主要为步行交通和观光游览车。但游览车属于机动车交通,在步行街上与行人活动经常发生干扰,对步行的安全性和连续性均有较大影响。此外,和平路和滨江道的主要步行区域均有垂直性的城市道路穿越,打断其完整性。

(2)周边区域内的交通组织较为混乱。由于步行街区周边多为居民区,居民步行、非机动车、私人小汽车出行需求较多,河北路和山西路还有公交车通过。过于密集的方格路网加上各类交通通行,造成公交线路和货物运输线路可靠性不强,易造成交通阻滞和交通秩序混乱。

(3)缺乏停车组织。目前距离步行街较近的地面机动车停车仅有两处,每处仅有20辆左右机动车的停车能力,其余车辆只能在路边随意停放。自行车停放目前主要利用各条交叉路的路边停车,这样的停放方式一方面影响交通通行,另一方面也破坏商业街区的景观。

九、武汉江汉路

(一)发展历程

江汉路位于汉口中心地带,长约1.6km,是武汉著名的百年商业老街。在百年发展史中,可以划分为四个阶段。

1949年以前,这里是华界和原英租界的衔接地带,连接了黄陂街、花楼街等华界商业区与租界洋商区,是西方文化与中国文化直接对话的地方。江汉路的前身是一条名叫广利巷的人行土路,1861年英租界设立后拓宽改建并更名为太平路,很长时间内,这里是华界和原英租界商业金融区的衔接地带。1907年,花楼街口到循礼门建了一条新马路,以当时的富商刘歆生之名命名。1927年2月19日,国民政府收回英租界,合并太平路和歆生路,取"江汉关"的"江汉"二字为名。民国时期,孙中山所著《建国方略》中说"要把武汉建设成纽约、伦敦之大,要建设东方的芝加哥","大武汉"名扬天下,与"大上海"齐名。1935年,武汉地区生产总值曾超过上海,位居全国第一。在内河航运中,汉口是国内第二大码头,江汉路紧邻武汉关码头,集中分布着多家银行,人、货、钱汇集在这里,为江汉路带来最早的商业文化氛围。图2-25所示为江汉路历史影像。

图2-25 江汉路历史影像

1949—2000年,中华人民共和国成立后,万物复苏,欣欣向荣,江汉路步行街也进入了重整旗鼓、厚积薄发的历史阶段(图2-26)。20世纪60年代,在全国热火朝天的社会主义建设浪潮中,江汉路得到了一次彻底翻修。经过翻修以后的江汉路,道路更加宽敞、平整,民众逛街的热情更加高涨。许多汉口人津津乐道的老亨达利钟表店、星火文具店、精益眼镜店、南京理发店、滋美食品厂,也都是从那时候进入江汉路的。许多外地民众也经常慕名而来,满载而回。改革开放以后,在"搞活经济"的春风吹拂之下,江汉路出现了夜市摊点。这是武汉市第一条开设夜市的街道。从此以后,夜生活在江汉路步行街扮演了越来越重要的地位。

图2-26 中华人民共和国成立后的江汉路

进入千禧年,中国经济开始腾飞,人民的消费热情上涨,原有的江汉路商业街模式已不能完全满足武汉人民的逛街需求。2000年2月底,武汉市政府决定投资1.5亿元,将江汉路改建为步行街(图2-27),在原有百年商业老街的基础上,建设一条集精品购物、休闲旅游于一体的新型商业步行街。本次改建从市政道路、管线入地、建筑立面、商业门店、园林绿化、街景亮化、广告招牌、交通组织、雕塑小品、拆迁还建十个专项着手,对江汉路作了大刀阔斧的全面综合改造。2000年9月22日,修葺一新的江汉路步行街举行了开街仪式。改造后的步行街不仅保留了传承百年的老街韵味,还为逛街民众提供了极大的便利。当年"国庆"假期,江汉路步行街便创下了破纪录的百万人流量,商业街营业额比之前提高了20%。2010年,江汉路步行街已拥有五六百家商户,年销售50亿元。这一年武汉地铁1号线通车,途经江汉路循礼门,这条贯穿汉口中心地带的轻轨线使江汉路的人流再次提升。2012年,地铁2号线开通;2016年,地铁6号线开通。自此,江汉路已经建设成为集购物、休闲、旅游、文化为一体的繁华商业街,并通过交通基础设施配套水平的大幅提升,为江汉路步行街提供了大量的客流喂给,实现了商业与交通发展的良性互动。

图2-27　2000年9月修葺一新的江汉路

　　2018年底,江汉路被商务部列入"打造高品位步行街"名单之列。如何让逛街的武汉民众拥有更美好的视觉体验、更便捷的逛街服务和更多样的消费产品,成为步行街需要面对的问题。2019年,江汉路步行街的又一次改造拉开帷幕。本次改造更加关注人的消费需求、人的慢行体验,更注重场景营造、整体环境升级。为进一步提升江汉路步行街品质,改善街区环境,优化商业业态和营商环境,通过编制江汉路步行街改造提升总体规划进行统筹,包括建筑立面改造提升、业态提升、交通提升、公共设施、灯光亮化、景观绿化、智慧街区等方案。2020年10月21日,经过170多天的封闭改造,江汉路步行街重新开街(图2-28)。

(二)交通建设

　　随着百年来的不断发展,江汉路商业街区已形成以江汉路为主轴,北至京汉大道、南达沿江大道、西接前进二路、东抵南京路的空间范围,约1.2km^2。作为中西方文明碰撞的地带,江汉路的地理位置、街市景观、商业经营方式,都呈现中西文化互相融合渗透的特征,成为带动城市现代化的缩影。自1912年起,一些官僚买办富豪修建了一些近代化的里份,如今江汉路南京路之间的四成里(后改称"义城总里")、保和里、保安里、联保里、兴业里、宁波里、聚兴里等,最有影响的是江汉路至大智路之间的"模范区"2000多栋里份房屋,同时形成了丹凤街(今江汉一路一段)、华商街(今江汉二路一段)、吉庆街、铭新街、泰宁街等十多条街道,使得路网系统呈现出西方"小街区、密路网"形态特征,这种路网形态产生于尚未进入高度机动化的发展时期,更适合人的活动需求。随着社会经济发展和小汽车制造技术的升级,机动化的快速发展与传统商业街区的空间矛盾日益凸显,然而在高质量发展、存量发展、历史文化街区保护等前提下,不能通过大拆大建的模式推倒重构交通体系,交通发展模式必须适应传统商业街区的空间特征。

图 2-28　2020 年 10 月改造升级后的江汉路

因此,江汉路步行街区的交通改造紧扣其发展定位,坚持"步行属性",建立"公交+慢行"交通模式,通过引入大运量的公共交通为商业街拓展客流,同时降低游客对私人交通的依赖,缓解交通拥堵;此外,通过优化交通组织和管理,规范街区交通秩序,释放慢行空间,为提升慢行体验奠定基础;最后,统筹规划提升慢行空间、建筑前区及立面等公共空间,大幅提升慢行游览、购物、休憩等体验,从而进一步增强街区魅力和引力,具体措施如下:

(1)大力发展公共交通,提供大容量绿色交通出行供给。江汉路街区目前已建成1号线、2号线、6号线三条轨道交通,超过10条公交线路直达,"轨道+常规公交"设施覆盖率达96%,轨道交通为区域到发性交通的主要载体,公共交通出行方式比例接近70%,步行街公共交通出行时效性较高,晚高峰公共交通效率相比私人机动车具有明显优势,为满足大客流需求奠定了坚实基础。根据武汉市规划研究院《武汉市公共交通可达性评估》专题报告,江汉路公共交通可达指数高。所谓可达指数,即步行到最近的公交站点距离短、候车时间短、公交到达频率高、附近有轨道交通站点等因素的组合。江汉路商业街区的公共交通服务(含常规公交服务、轨道交通服务)的便利程度以及服务的资源强度都是非常高的。

(2)多措并举优化交通组织和管理,协调各类交通有序运行。一是扩大步行街主街范围,衔接轨道站点,将江汉路(京汉大道—江汉四路)设置为步行街,与现状江汉路(江汉四路—沿江大道)步行街连通。减少高峰期穿越步行街主街交通,与步行街相交路口整体抬高,降低机动车通行速度。二是在步行街人流集中时段(19:00—22:00),优化江汉四路、江汉二路与江汉路交叉路口的信号控制,并对周边前进五路及保成路机动车通行实行限流。三是拓展辅街范围,以线带面形成步行街区,以江汉路步行街为主街,拓展两侧辅街并纳入步行街范围,形成由全天候步行街、高峰时段步行街、共享街道构成的步行街区。四是增开特色夜行公交服务,将公交末班到达时间延长至23:00—24:00。五是设置限速标牌,建设宁静步行区,采取相对严格的限速措施保障慢行通行安全,除江汉四路、江汉二路、民生路、南京路等主要连通通道外,其余道路限速20km/h,穿越步行街路段通过物理措施限速10km/h。六是优化整合地库停车,支撑步行区域拓展,打通2号线地下车库和新佳丽、悦荟、宝丽金和记黄埔地库,形成拥有4700个停车位的大型停车场;结合步行街区方案,优化街区停车场出入口和交通流线。七是建立智慧交通组织系统,形成外围多级停车诱导分流系统。八是完善多级道路集散体系,增设邻近地块内部公共通道,结合轨道交通建设打通局部断头道路,提升区域交通可达性。

(3)提升街区品质,重点保障行人通行的舒适性与安全性。基本思路是基于现状道路设施和交通需求分布情况,通过设施和空间优化,做到基本不拆迁,以减少投资,利用建筑—建筑U形可用空间,通过路权重新分配优化道路空间,保障行人通行舒适性与安全性;通过设置多种减速措施,降低片区内机动车车速,保障慢行交通安全。近期重点改造与江汉路主街路口相邻的街道,具体改善措施包括:压缩车道数和宽度,规范停车,拓宽人行道,保障行人空间;调整交通组织,部分路段设置为步行街;规整设施带,各类设施应严格控制在设施带内布置,实行多杆合一,杆件入地。抬升路面,采用人行铺装,设置为共享街道。对沿线路段出入口进行抬高,与人行道平齐。优化公交站点设置,减少与慢行交通矛盾。

第三章

存在的问题与交通特征

第三章　存在的问题与交通特征

第一节　发展要求

超大城市一般都是国家或地区的中心城市，是引领区域发展、参与国际竞争、代表国家形象的现代化大都市，其传统商业中心区承载着超大城市的历史文化基因，更是城市形象对外展示的窗口。因此，超大城市传统商业中心的交通系统也早已不是孤立的发展维度，而是与传统商业中心的功能定位、空间结构、景观风貌、建筑形态、商业业态、配套设施等紧密融为一体，整体反映着传统商业中心的发展水平。基于此，超大城市传统商业中心的交通服务不仅要处理好交通系统内部各子系统间的关系，更要处理好交通与空间、景观、建筑及各类城市服务设施间的关系。因此，超大城市传统商业中心地区的交通策略需要充分考虑城市发展阶段、功能布局、空间肌理、文化内涵等因素，才能实现地区发展整体效益的最优化。

随着城市人口的日益增长、机动车保有量的不断上升，机动化交通需求也在持续增加，交通拥堵已成为"大城市病"的重要症状。而交通供给增长的速度远不及交通需求增长的速度，尤其在超大城市进入存量发展阶段后，面临空间资源紧约束的现实，道路交通设施空间占建设用地比例更不可能持续提升，道路的规模化增长是不可持续的。传统商业中心区具有一定的历史文化价值，多以有机更新为主的模式进行存量改造提升，也不可能通过"大拆大建"进一步增加新的道路空间。因此，超大城市传统商业中心地区应转向探索交通设施更高效集约的空间利用方式，建立以公共交通主导、其他交通方式为补充的交通模式，空间资源、政策导向都应该尽量向公共交通、慢行交通等绿色交通倾斜，才能实现地区的可持续发展。经过多年的探索实践，目前我国超大城市传统商业中心区基本都已经建立起公共交通主导的交通模式，并且将大容量、高效率、高可靠性的轨道交通作为首选。在此基础上，还应该进一步促进轨道交通与其他交通方式有机结合，完善轨道交通与慢行交通、常规公交、出租汽车、小汽车等其他交通方式的接驳服务，构建以轨道为核心的一体化交通系统,充分发挥公共交通的网络效应,尤其是要加强"轨道+公交""轨道+慢行""公交+慢行"交通接驳体系建设,更好地引导绿色出行,同时也为商业中心区形成有效的客流喂给,激发传统商业中心活力。

  超大城市传统商业中心区作为重要的公共资源,是城市公共活动的中心,是吸引游客集聚的重要场所,旅游、休闲交通需求往往非常旺盛。同时,传统商业中心区一般处于老城核心区域,集中了居住、商业、办公等复合功能以及部分标志性建筑,往往会叠加通勤、通学、商务、日常生活等各类交通需求,出行需求主体多元、出行目的多元,出行方式选择也呈现不同偏好,总体需求特征比较复杂。此外,传统商业中心地区交通的时空动态变化幅度也是比较大的,工作日主要以片区居民的日常通勤、生活性需求为主,节假日期间,旅游、购物、休闲等出行需求就会大幅增加,交通设施供给难以适应这种急剧的变化。在这种需求庞大、类型复杂、分布不均的情况下,有必要充分盘活和挖潜利用既有存量低效空间,通过动态调整空间资源分配、灵活实施交通组织管理提高交通资源的时空利用效率,以适应传统商业中心区复杂的交通需求。此外,时空资源的分配和交通组织的调整必须以提升慢行系统条件、提高慢行体验为前提,避免机动车对慢行交通空间产生新的挤压,才能充分发挥高品质慢行对商业复兴的支撑作用,从而促进传统商业中心区良性可持续发展。

  传统商业中心区的整体环境要素构成和空间秩序是城市起源、发展和变迁的实物见证,既具有物质属性又具有社会属性,记录和承载着整个城市的文化特征。道路作为商业中心街区风貌展示的重要载体,慢行系统也需要与街区文化特色及周边环境融合,彰显城市风貌。此外,传统商业中心区主要以商业消费、人文旅游等功能为发展重点,道路慢行空间承载的功能也是多元的,除了要满足通行功能,还要满足休憩、购物、沟通交流等需求,慢行空间具有公共空间属性,慢行交通提升除了考虑交通附属设施外,还需要考虑配套服务设施。因此,超大城市传统商业中心地区街道空间不仅要为消费活动提供完整、流畅的流线导向,自身也要能够形成活跃、共享的商业景观,在合适的空间塑造移步异景的景观节点,打造互动性街道空间,让人在街道中"停下来",才能让街道成为充满吸引力的交往空间,激发商业街区活力,实现"到达—游览—购物—离开—复购"循环的可持续发展格局。目前,超大城市传统商业中心区综合提升都能将街道空间与公共场所的景观风貌融合考虑,与退线空间、建筑立面、街区风貌实施一体化设计,总体上是值得肯定的。

第二节　存在的问题

一、交通供应量与需求量不平衡

传统商业街区作为重要的公共资源,公共活动中心、商业消费、人文旅游、创意产业等是其功能发展的重点。但由于传统商业街区往往处于城市中心区域,街区内道路空间的尺度和形态大多沿用历史发展并保留至今,存在道路网络状况较差、交通基础设施不完善、交通管控措施缺乏等问题,这些问题共同作用严重限制了整个传统商业街区的路网容量,加剧了交通需求与供给之间的矛盾,使得传统商业街区成为城市交通系统的瓶颈区域。交通存在功能性的短板,直接限制了街区整体发展愿景的实现和现实功能的发挥,尤其是存在一定的道路规划不合理、道路宽度狭窄、道路功能不清、交通管理设施匮乏等问题,使得大部分区域处于低交通量、高饱和度的状态,增加了传统商业街区的交通压力,无法满足快速增长的交通需求。基于有限道路空间资源束缚下,思考如何协调和平衡交通供给与需求,对于当下的传统商业街区显得尤为重要。

二、路网条件与出行方式不匹配

交通工具的类型随着社会经济的发展和人们消费水平的提升越发多样,为人们的出行提供了更为多元的选择和便利。但交通工具的多样化对于传统商业街区来说,也加重了街区交通组织和规划的难度。加之传统商业街区内的部分道路由于前期的改造设计不合理,商业的繁荣加大了其人流密度,各类交通工具混行严重,导致道路交通运行混乱,进入街区的机动车辆怠速时间增加,反而进一步降低了整个街区的可达性,加大了交通组织和管理的难度。此外,噪声和尾气污染问题进一步加剧,不利于街区的可持续发展。

三、服务水平与发展需求不相符

传统商业街区都处于老城区的中心地带,本应作为全市交通网络的核心组成部分,但街区的路网体系、交通基础设施建设都已不再适应现今的机动化发展进程,这在很大程度上限制了传统商业街区交通功能的作用发挥。传统商业街区内道路通常存在密度偏小、等级偏低、异形不规则等问题,空间的改造、道路的拓宽、交叉路口的改善、设施的增设等都需要符合历史风貌保护的各项要求。除此之外,也包括地下交通线和市政设施的建设。由于传统商业街区内的道路通常为单幅道路,道路绿化、管线铺设等都较一般城市地区更困难。又由于传统商业街区内存在一定数量的历史建筑或地下历史遗迹,因此,轨道线路的选线和站点的限制较多,相较于城市其他区域的轨道建设成本要高不少。因此,大部分的传统商业街区常选择超出适宜的步行换乘距离在街区边缘设置站点。存在类似情况的还有公交专用车道的开辟、公交站台的设置、社会停车场的布局等,均受到空间和保护的双重限制,使得传统商业街区越发孤立地作为一个历史文化遗产的角色来进行保护。相较于城市其他区域,道路拥堵、公共交通服务水平低、停车困难、出行舒适性及安全度低等,都导致传统商业街区的交通无法满足当代出行者的需求。

四、公交系统接驳换乘不够完善

城市公共交通系统的设计与调配是一项既复杂又动态的系统性工程。公共交通系统换乘是否足够便捷是衡量一个城市公共交通设计是否人性化的重要指标。由于前文介绍的各种道路空间与建设要求限制,公交站点设置不够合理,行人在换乘时经常需要穿越马路、地下通道,或长距离步行,换乘较为不便,造成街区吸引力的下降。除此之外,传统商业街区受路幅宽度限制,途经的公交线路常集中设置在外围的为数不多的几条城市主次干道上,从而导致该街区存在公交线路重复系数过高、站点覆盖率不足、发车间隔大等一系列问题。

第三节 特征分析

一、路网结构及形态

(一)次干路-支路-街巷的路网组成

根据上文对我国超大城市传统商业街区的具体分析可知,传统商业街区的路网通常由"次干路-支路-街巷"构成:次干路通常分流街区周边的城市主要交通流量,道路断面多为双向两车道或四车道;支路和街巷为对外联系的主要通道,遍布于街区内部,主要联系商业区域和传统居住区域;支路用于连接街区外部的次干路和内部街巷,断面常采用两车道。次干路对于传统商业街区的对外联通、内部交通疏解都具有重要作用。

(二)鱼骨状/方格网式的路网形态

根据调研对象分析可知,我国超大城市传统商业区的路网形态可大致分为两类:

一类是中国本土内生性的传统商业街区,通常以区域内的一条主要街道为初始发端,顺应其线性两侧延伸,各类店铺沿道路两侧排列布局,店铺建筑通常采用"下店上宅"或"前店后场"的建设形式,整体呈现较明确的"沿街一层皮"特征。随着主街商业的繁盛和发展,带动与其直接相交或相关联的周边街道由居住功能转向商业功能。新建设或开业的店铺集中于此,业态上或是延续原有主街业态,或是补充主街业态,这些街道彼此关联,相互促进,逐渐形成成片的商业街区。此类演变模式的商业街区道路形态常呈现"丁"字、"鱼骨状"和"树枝状",路网等级通常为"主街+巷道",街区通常以商业主街为中心,步行全街区可达。待初始的商业街区进入快速繁荣发展时期后,其向周边和辐射带动的能力增强,以其为核心更大范围内的街道也会逐渐商业化。但通常情况下,这些街道的商业业态会与主街业态有所差别,并最终形成同类店铺积聚的专业街。各细分类型的专业街又进一步繁荣向外拓展,使得原有商业街范围不断扩大,最终达到稳态呈现出一个"点-线-面"、多层次的商业格局。这一发展演化模式是我国传统商业街区形成的普遍规律,在很多城市的传统商业街区的形成发展过程中均有所印证,例如北京的大栅栏、广州的上下九/北京路、成都的宽窄巷子和深圳的东门。

另一类是特殊时期被划归为租界进行开埠通商,承担城市区域商业中心的职能,由于这些区域在当时是作为租界的新区兴建,因此,具有明显的国外城市规划特征(通常为英法国家)。在街区层面上采用了严整的小尺寸方格网状结构。方格网式路网结构在城市生长的规模和方向上具有较大弹性,与当时各国列强快速建设扩张以抢占殖民势力范围的现实诉求相契合。除此之外,这一街区形态可最大程度地增加临街商业面积,还可在土地的分割、批租上保证标准化和公平性,地块规整带来的是道路平直利于交通流线的组织,对市政管线的施工和后续地块的统一管理均有益处。大部分因被殖民设立在原租界区内的商业街区通常表现为方格网状形态,局部呈放射状路网,例如天津的和平路和滨江道、上海的南京路均为此类街区,根据对其街道尺度的测量,其街廓在80~120m之间,街区尺度较小、形状规矩方正、建筑肌理密集,很适宜人群停留驻足进行交谈。

(三)支路资源未被充分使用

传统商业街区的路网体系往往受到地形和历史格局的阻碍,致使路网不能顺利向外延伸,除极少数重要干道可直接与外围道路连通外,街巷内的支路、巷道大多存在过度曲折、断头、"T"字交叉、异形交叉等问题,导致路网整体连通性差。传统商业街区的街巷系统具有很强的组织性和完整性,街区在街巷密度较高的同时连通性越好,则其交通层面的价值越高。这种"通而不畅"的街巷体系实际上可为传统商业街区组织多模式路网、可为提倡公交与慢行优先提供较好的设施载体:"通"可保证街区内部交通出行的可达性需求;"不畅"可一定程度上防止快速机动化交通蔓延,及外来过境交通的无阻穿行,并在一定程度上保证街区内部的传统商业氛围不被破坏。传统商业街区的道路系统原本为慢行交通构建,道路等级偏低、路幅较窄,在现代城市快速建设过程中,为满足快速增长的机动化需求,对城市干道进行大规模的建设、改扩建等,以疏通各个关键交通节点。然而,城市次干路、支路等层级的建设往往容易被忽视(此部分不包含街巷街区内的街巷系统)。这一建设思路导致传统商业街区内部的主要疏散道路缺失,整体路网结构功能欠缺,街区内部的机动性和可达性都不足,不利于形成机非分离的交通系统,对公交优先的实施也是较大的障碍。

传统商业街区天然有着较高的支路占比,具备形成"小街区、密路网"的先天条件。但在实际使用过程中,支路并未能实现分流城市干道交通流、缓解主要干道压力的功能。支路在传统商业街区的道路长度占比最大,但其实际承担的交通流量却较小,从而降低了街区内整体道路网络的可达性,并进一步导致交通流量分布不均匀,易造成拥堵,从整体上削减了传统商业街区内的路网交通容量。更为现实的情况是,商铺上下货、部分外来机动车在支路上违停占道的现象较为常见,严重挤占了本就十分有限的道路空间,影响机动车和非机动车的正常通行。传统商业街区内可以提供的停车位数量本就极其有限,与实际的停车需求存在较大缺口,导致路内停车现象屡禁不止还有愈演愈烈的趋势。此外,传统商业街区内的支路断面狭窄,其两侧的商业店面较多,导致支路上的交通集散性出入口较多,以上因素叠加导致人流、车流的进出,容易对支路的运行造成阻滞,不仅不能有效分担,反而加剧了干道压力。此外,相较于城市主干路和次干路,支路整体建设和维护滞后,整体路况较差,尤其在商业步行街旁的里街背巷处,游客减少、小吃摊贩,加上商铺上货需要货车通行,整体路面和卫生情况均较差。

二、交通方式及设施

(一)交通方式

超大城市的传统商业街区内的出行方式包括汽车、轨道、公交、非机动车和步行,出行比例上,慢行虽在超大城市整体出行比例中有所下降,但在传统商业街区中仍旧维持较高水平。"公交都市"作为当下我国大城市交通发展的建设方向,公共交通出行日益成为传统商业街区的主要方式,而受制于传统商业街区有限的路网容量,以及各大城市近年来采取的交通调控政策,机动化出行比例相较于自身有所下降。

(二)交通设施

交通设施系统是支撑传统商业街区的网络设施载体,其形态与街区空间结构存在基本的耦合关系,主要包括道路网设施、公交场站、停车设施等(路网情况上文已详述,下面主要就公交和停车叙述)。

公共交通方面。现阶段大部分传统商业街区内的公交出行比例还有待进一步提高,主要还是由于公交系统不够完善、服务水平还较为初级。街区内居民出行的实际诉求在于期望能够同时得到时间和空间的可达。大部分传统商业街区在进入新时代为适应新商业发展的改造要求,着重考虑商业内部环境本身的改造,对道路空间划分、公共交通衔接等都欠缺考虑,未能充分挖潜公交接驳潜力。同时,由于传统商业街区路网结构的制约,造成公交线路集中设置在街区外围干道上,公交线路重复,虽然公交站点的覆盖率在指标上显示较高,但市民与常规公交的接近程度并不高,主要表现为居民步行到站的时间、候车时间较长。这些现象都表明传统商业街区存在公交盲区的现实。此外,由于传统商业街区内部道路机非混行严重,导致公交运行速度过低、准点率较低,其时间的可达性无法保障。

停车设施方面。传统商业街区特殊的发展特征与保护约束,致使其原有的停车空间与停车设施建设均受到限制。传统商业街区用地紧张、建筑密集,缺乏公共空间,依照传统邻里思想往往将街区内的街巷道路作为其公共空间。在这些因素的影响下,使得传统商业街区内缺乏停车设施规划,停车资源十分匮乏,社会公共停车场建设用地的取得也较为困难,停车设施发展缓慢。为弥补路外停车的不足,传统商业街区通常采取在路边和路上利用可能的空间划定停车泊位,导致路内停车比例较大。在实际调研中,广州上下九—第十甫街区主要路边停车的占道长度超过道路总长的10%,邻近批发市场的道路更是超过20%。尽管占用道路资源设置了一定的停车泊位,但停车的供需矛盾并未真正缓解。

三、出行主体及需求

(一)出行主体

传统商业街区涉及的交通群体复杂多样,由于其特殊的区位和功能,与城市居民出行特征有所区别。因此,采用出行起讫点性质划分方法对传统商业街区的出行主体进行分类,并交叉考虑出行主体属性、出行目的和出行起讫点,共3大类和6小类,如图3-1所示。

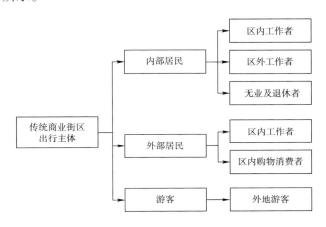

图3-1 传统商业街区出行主体分类

一次完整的出行过程中,出行主体会在对交通资源的使用、服务机会的享有等方面与其他出行主体发生交集,从而产生更为深入的联系。传统商业街区的交通优化过程就是对现有交通资源再分配和利益再协调的过程,在具体交通政策的制定过程中还需要考虑不同出行主体的接受程度,并应当考虑对特殊出行群体的照顾和倾斜。传统商业街区的出行主体作出的交通出行决策间的联系和冲突分别如图3-2、图3-3所示。

交通方式的联系主要体现在区内居民与区外居民可能选择的交通出行方式的对应上,在使用同一种交通方式时可能产生联系,如在选择采用公共交通出行时,两类大的出行主体将会共同使用同一道路资源。交通方式的冲突更为显著和集中的表现是私人机动交通对于慢行空间的侵占。

(二)强度、方式和类型

根据对部分超大城市传统商业街区的出行调查分析发现,传统商业街区的平均出行次数均比其所在城市的平均值高,这也再一次印证了传统商业街区是城市中交通需求较高的区域。传统商业街区的商业范围内均有轨道交通站点通达,步行是从街区到站点换乘的主要方式,显著高于街区外的步行出行平均数值。在调查中有一部分传统商业街区出于管理的考虑施行了一定的交通需求管理政策,私人机动化出行的比例因此有所下降,但在道路资源的占用层面,私人机动化仍占比较大。传统商业街区内的居民购物、休闲等弹性出行需求明显高于城市平均水平,而上班、上学等非弹性出行则低于城市平均水平,这也从一定程度上说明此类街区的人口年龄结构呈现"哑铃形"。传统商业街区所表现出的不同出行目的结构,与其区位、功能定位及丰富的历史文化资源密切相关。

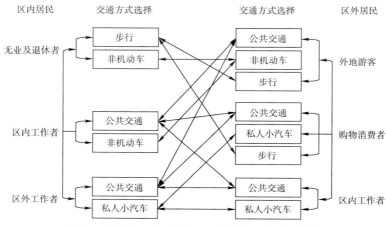

图 3-2 传统商业街区不同出行主体间交通方式的联系

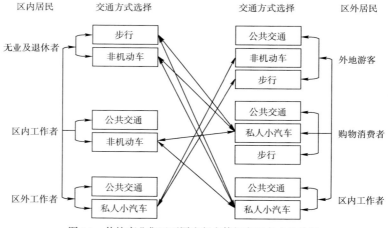

图 3-3 传统商业街区不同出行主体间交通方式的冲突

第四节　相较城市和区域的差异性

通过聚焦传统商业街区的交通问题,可以总结出传统商业街区的交通形态相较于城市其他一般区域,具有以下特征差异。

一、路网形态和站点布局

传统商业街区相较于其他一般城市区域,其空间资源先天不足、道路系统不够完善、交通设施建设滞后,多数商业街区的公交站点设置在街区外围,与街区中心距离较远,站点设置不够合理,常呈现边缘式布局,制约街区长远发展。此外,在城市以小汽车和公共交通为代表的机动化发展过程中,现有的诸多交通规划、改善及管理措施大多以机动车使用为导向,以慢行出行为主的传统商业街区难以受益。

二、慢行交通模式

传统商业街区因其内部道路为"支路+巷道"分级模式,道路狭窄又承担着商业、办公、居住及旅游多重功能,因此,相较于其他一般城市区域以机动车、轨道交通配合公交为主导的出行模式,传统街区内的慢行占主导地位。传统商业街区的慢行交通模式可细分为以下三种:第一种模式为全步行,街区内部严格禁止机动车和非机动车,所有道路空间均为步行。第二种模式为限制步行,在街区内部经实际情况考量,选取部分道路设置限时步行区域,在限制时间内为封闭的步行区域,在限制的时间段以外,机动车可以通行,可以有效缓解高峰时间部分路段的交通压力。第三种模式为混合模式,街区内部仅对公交、急救、消防等特种车辆通行,对其他一般机动车辆才需限制,此模式属于主动、被动结合的交通模式。传统商业街的纯步行路段长度过长,超过行走的舒适度范围或辅助性道路承担过量的交通负荷,就会大大降低商业街区的吸引力,部分区域的交通可达性减弱,因此,需要更加重视交通多模式间的转换。传统商业街区交通设施建设受制于交通空间匮乏,难以满足现今不同出行主体的多样化出行需求,快慢交通均存在拥堵高频发生、安全的可靠性不稳定、出行环境恶化等问题,都是传统商业街区所面临的现实困境。

三、发展愿景

作为城市文脉的延续,传统商业街区的改造设计应体现城市独特的风貌特色,因此,交通规划应以风貌保护为前提,在能够充分保障公共利益的基础上进一步对传统商业街区进行优化和更新。在现代交通规划的理念、方法和实施过程中,传统商业街区也应用此构建体系,除极易成为交通盲区外,还失去了原有的风貌特色,加剧建设发展与历史保护间的矛盾。此外,采用现代交通改善的措施和方法,如道路拓宽、交叉口改善等,去解决传统商业街区的交通问题,往往收效甚微、无法落实,难以适应传统商业街区的实际需求,且极易对其历史风貌造成不可逆的破坏和影响。因此,传统商业街区的改造和规划难度较大,成为城市交通发展的瓶颈。

四、技术政策适用

我国能够快速构建起合理的综合交通体系,离不开相关交通技术政策的有力支撑和保障。随着社会经济水平的提高,城市进入高质量发展阶段,交通系统的矛盾也出现了新的变化,且更加复杂,原有的技术型政策显然已无法解决新时期的交通需求和城市健康发展的要求。现如今的交通问题越发紧密地与土地利用、空间结构、组织管理等多因素作用相关,也使得其呈现出更显著的复杂性和综合性。此外,现有的交通政策所涉及内容较为广泛、细分门类较多,但各个政策属于各自内容之下的垂直关系,彼此之间的横向关联性并不强,因此,各个政策难以相互配合、形成合力以系统解决交通问题。具体例如,现行的诸多"公交优先"政策都是以如何提升公共交通自身的竞争力入手和作为着力点,对于与其他交通方式的替代可能性、协调衔接等缺少考虑,较少从调整整个交通大系统的角度进行统筹考虑。此外,《城市综合交通体系规划标准》(GB/T 51328—2018)规定:"中心城区内道路系统的密度不宜小于$8km/km^2$",但对于商业区、居住区、工业区未加区分,新区和老城不做区别,导致交通建设难以满足地区发展需求,缺少将交通设施配置不足、组织运营不完善等问题与城市发展阶段、经济社会发展情况等结合考虑。目前仍是

"以交通论交通"为主导的技术政策制定思路占主导,人性化、经济性、效率性等方面未能作出深入探讨,例如公交线网布设在各类标准中仅涉及线网密度和站点覆盖率两个指标,对实质上的"可达性"落实不够。

除此之外,"畅通性"仍是当前以机动化为主导下,交通技术标准制定的主要目标,核心是侧重于对车辆行驶速度的提高,城市机动车运行空间越扩越大,而对占绝对主导地位的慢行交通保障不足。传统商业街区是城市中人流高强度聚集的区域,其历史文化积淀的可接触性要求较高,因此,街区交通系统需要强调的是提供良好的可达性,而非机动性。而由于街区区位、商贸和交通功能的重叠,加剧了传统商业街区的交通矛盾,盲目引入穿越性的城市干道,将空间让位于机动交通,严重影响了其功能的正常发挥,对历史风貌也造成影响和破坏。

第五节 国外经验借鉴

国外案例研究对象选择侧重于交通解决方法借鉴,考虑国外单个城市在人口规模和密度上与我国城市存在较大差距,因此,不局限于规模和尺度在城区和街区上的限制,侧重选取在历史遗存保护与城市交通发展平衡中具有先进理念、策略与方法,并将已实施且收到良好效果的历史城区或街区,作为重点案例分析参考,进行经验方法借鉴。

一、法国巴黎内城调整出行结构,划定安宁化街区

法国巴黎内城保留了大量从中世纪起不同时期建设而成的建筑、街巷,具有深厚的历史积淀,是欧洲著名的历史城区。巴黎内城是巴黎市的中心,面积105km^2,共250万人。在平衡历史文化保护和现代生活需求上,巴黎有丰富的可借鉴学习经验。

(一)转向政策型规划,调整交通出行结构

20世纪60年代末,法国的城市交通曾面临和我国目前类似的问题和挑战。在第二次世界大战后重建和经济复苏的过程中,小汽车交通开始出现并呈井喷式发

展。1967年,已有超过半数的法国家庭拥有小汽车,从而导致城市公共交通萎缩、城市中心区道路拥堵严重、环境恶化。为此,法国政府推出"交通组织规划",以期通过对机动车进行各种技术调整,以解决交通问题,具体措施有:对中心区进行改造,设置仅允许公交车通行的全步行化区域;规划"环形+放射"路网,拦截中心城区外围交通流量,避免其穿越中心;在中心区外围有条件建设区域增设大型停车场,以缓解中心区域的路内"停车难"问题;在中心区域根据实际调研情况选取适宜路段进行单向交通组织、设置公交专用车道。但实际与预想的结果相反,技术性措施的实施刚开始对交通组织和道路运行情况的作用效果较为明显,但这一效果未能持续,反而刺激了机动交通在中心区域边缘积聚,道路拥堵加剧、街道品质受损。一系列新交通问题的出现,使得当局政府意识到仅限制于交通技术型思维的政策制定无法根治实际问题。1982年,法国政府出台《城市内部交通组织引导仿真法》,该法案中提出"城市交通出行规划"(Plan de déplacements urbans,PDU),旨在将交通问题放在综合政策框架内进行考量,成为一种新兴交通规划政策工具。"城市交通出行规划"中提出对步行、非机动车、停车、换乘、货运、信息等与出行全过程的各个环节内容进行统筹安排,相较于交通组织规划更为综合、全面。巴黎在交通管理方面既是先进技术的试验田又是政策施行的先行区。巴黎率先实行"城市公共交通服务区"(Périmètres de Transport Urbain,PTU)和公共交通税收制度,经过先行试验总结经验并完善后,在全国范围内推广。巴黎的公共交通征收的税率为全国最高,全市公共交通近40%的运行成本覆盖均出自此税种。20世纪80年代,法国进行地方权力改革,巴黎交通管理委员会(Syndicat des Transports Parisiens,STP)进行机构改革,正式更名为"巴黎大区交通行业协会"(Syndicat des Transports d'Île-de-France,STIF)。随后该协会于1988年4月开始编制"巴黎大区交通出行规划"(Plan de déplacementsurbainsd'Île-de-France),于2000年12月经大区会议审批通过,正式生效实施,规划年限为2000—2005年。PDUIF2000明确了5年规划间需实现的规划目标,以彻底改善巴黎大区的交通结构。其中提出"绿色街区"即"安宁化"街区概念,即通过对一定区域内的机动车限速,调节机动车与其他出行方式的路权分配,以达到限制汽车出行、鼓励步行和自行车出行的目的,具体措施后文详述。公共汽车提升计划则在轨道交通建设发展致使公共汽车萎缩的背景下,打破现状扁平化的公交线网,具体做法为:通过调研筛选出合适的公交线路作为骨干线网,作为建设公交走廊的基础;在公交走廊线位上进一步筛选出重要的公共交通转化节点(一般为轨道),形成"走廊+节点"的高等级公交网络。此外,为更好地推动这一计划落地,协会引入公共治理理念,对每个重要的公共交通转换节点由官方引导组织成立管理委员会,该线路沿线的商家均可申请加入,以共同商讨线路周边的空间改造和设施建设安排,以更好地实现公共交通对城市用地的引导协调作用。

随后,《社会团结与城市更新法》(Loi relative à la solidarité et aurenouvellementurbains, LoiSRU,简称SRU)于2000年12月颁布实施,彻底改变了法国的规划体系,将原本较为独立的城市空间规划、社会住宅发展计划、城市交通规划等进行了整合,进一步促进了各规划主管部门间的合作配合和规划政策协同融合,还赋予了PDUIF以新的规划定位,使之成为介于总体规划和详细规划之间的一个中间层次规划。PDUIF随之进行修编,于2014年6月19日经大区议会审议通过PDUIF2020,针对当前城市交通所面临的问题和挑战,采取问题和目标双重导向,提出一套相对完整的策略包和对应的措施工具包(表3-1)。

PDUIF2020规划策略与主要措施　　　　　　表3-1

序号	规划策略	主要措施
策略1	建设短距离出行城市	(1)继续提高城市建成区的空间使用强度和空间连续度; (2)建设适合于可替代小汽车交通方式的城市街区(安宁化街区); (3)加强交通规划与用地规划的衔接,从需求端进一步缩减长距离出行需求
策略2	提高公共交通吸引力	(1)增加25%的公共交通供给; (2)通过舒适性和准点率提升公共交通服务质量; (3)重点提升公共交通网络节点服务; (4)全面推进公共交通信息化建设
策略3、4	拓展安宁化街区建设,扶持步行和自行车交通发展(步行和自行车是两个策略)	(1)进一步推广安宁化街区,尽可能覆盖学校周边街区和人口密集的居住区; (2)对巴黎大区步行和自行车交通的阻断点进行精准识别的消除; (3)在交通枢纽周边增加总计2万个自行车停车位; (4)在全区完成4400km的自行车道建设; (5)鼓励小汽车共享和拼车出行

续上表

序号	规划策略	主要措施
策略5	严格控制个人机动化出行	(1)压缩摩托车的停车空间； (2)严格控制交通污染，优化道路安全； (3)通过停车管理政策调节小汽车使用，将整个巴黎大区划分为4个停车管理空区域，对不同区域内的新增私人停车位采用不同等级的限制，其中巴黎内城为最严格限制区
策略6	全面的交通无障碍	(1)彻底消除日常出行最常用路径上的交通障碍，尤其是链接公共交通车站和主要公共建筑、商业街区之间的通道； (2)通过简易的改造消除全路网上80%的障碍点； (3)所有轨道车站和主要公共汽车线路实现100%无障碍
策略7	合理组织货运交通	(1)将物流需求纳入城市总体发展战略规划考量，在铁路和水运沿线预留物流发展用地； (2)加强对配送车辆通行和停放的管理； (3)通过水运转运建筑垃圾
策略8	改善城市交通的环境绩效	(1)鼓励使用新能源汽车，布设4万个充电桩，其中路内充电桩1.6万个； (2)2020年单位车辆(包括政府和企业)中清洁能源汽车占比不低于25%； (3)2025年公共汽车将全部改用新能源汽车； (4)加强规划宣传，保证信息公开透明，方便公众查阅了解规划政策和措施
策略9	通过公共治理促进规划实施	(1)成立"巴黎大区城市机动性观察站"，对规划实施情况进行持续跟踪和评估，评估报告也在网上公开； (2)巴黎大区内的市镇和巴黎内城的各分区应在PDUIF2020的指导下，编制本区的地方交通出行规划
策略10	提升市民与企业的责任感	(1)鼓励大型企业为员工通勤提供单位班车服务，覆盖30%的员工通勤交通； (2)中心城区内使用个体机动车交通方式(小汽车、摩托车)接送孩子的通学交通比例控制在10%以内； (3)建成覆盖所有交通方式的实时交通信息系统，方便出行车灵活选择出行方式

注：依据PDUIF2020文本翻译。

纵观法国和巴黎大区的交通规划建设发展历程，从侧重道路机动交通化到积极发展公共交通，发展到现今的着重出行方式选择的多样性和系统的可持续发展，这一发展历程完整体现了交通规划从技术性到政策性的转变。这一转变的核心在于认识和处理交通问题观念的转变：起初认为城市道路的拥堵是城市交通系统内可以由工程技术应对解决的问题，通过对道路空间实体的建设改造以达到使机动车顺畅行驶的目标。然而,措施实施的实际效果说明现实工程技术性的思路无法彻底解决城市交通的拥堵。基于此,将交通问题的解决思路重点由机动车转向出行者,着重对"人"的出行需求关注,用"机动性"替代"运输"。规划核心理念和思路的这一转变,不仅对人的关怀,也是对交通问题的根源性思考。交通问题的产生是多因素影响作用的结果,远超出交通部门这一单一领域。

(二)划定限速街区范围,鼓励非机动交通

1993年巴黎正式提出并实行"绿色街区"计划,即后期被广泛熟知的"安宁化街区",PDUIF于1999年将其正式纳入作为调整交通结构的重要工具之一。经过20多年的推行和实施,目前在巴黎内城范围内已设立了70余个安宁化街区,基本覆盖了巴黎市范围内37%以上的道路。其中,大部分的安宁化街区内都存在历史街巷,这些街巷目前仍承担着片区内主要的生活性街巷功能。巴黎所划定并实施的最严格保护标准——"历史保护区"(secteurs sauvegardés)也基本将这些历史街区全部覆盖。因此,巴黎内城的安宁化街区措施对传统街区的交通问题解决应用有较好的借鉴价值。

1.安宁化街区范围的划定

安宁化街区边界和规模划定尤为重要,边界要特别注意避开交通主干道、公交线路和重要的交通吸引点,规模过大或过小都不利于限速规定的遵守。巴黎内城的实践经验表明,以500m为半径进行一个限速区的规模控制(约$5×10^5m^2$),实施效果较好。若需要进行限速的区域规模较大,需要根据城市干路将大区域进行划分,形成若干规模适宜的限速小区,这一形式有助于规避城市主干道和公交线路的穿行干扰,更好地实现街区内部限速区域间的快、慢配合。巴黎的安宁化街区大多采用限速30km/h以下,并将此作为基准,对人流活动更为密集的区域进行更为严格的机动车交通管制,将其根据实际聚集情况,划分为"聚会区"和"步行区":"聚会区"范围内限速20km/h以下;"步行区"范围内则更为严格,此区域内步行具有最高优先权,仅允许本区域居民的机动车驶入,但车速控制在10km/h。

2.安宁化街区范围标识

法国的安宁化街区实行的限速规定是同一街区同一限速,这样可节省在限速街区内的每条道路均设置限速交通标识的空间,也不易造成因杆件林立破坏街景的整体性。当地常见的做法是在安宁化街区的入口处设置限速标志,在入口空间进行限速警示。由此,法国的《道路交通法》专门新增两个交通标识用来标注Zone 30的起点和终点(图3-4),用以简明提示驾驶员遵守限速规定。为进一步提升警示效果,还可对安宁化街区的入口处道路进行收窄路幅宽度、抬高人行横道、设置减速带等处理方式,采用空间的"硬性"设计引导迫使进入街区的车辆减速。

图3-4 法国30km/h限速交通标识

3. 安宁化街区内部的机动交通组织

为减小穿越交通对街区的生活环境品质造成的负面影响,巴黎内城在安宁化街区实施的基础上进一步对其内部的交通流线进行梳理和组织,具体做法主要有:在安宁化街区入口处进行限制,街区内部通过对各交叉路口的改造形成单向通行的机动车流线组织(图3-5),外部交通流只能单向进入或单向驶出,以此对过境交通的穿越行为进行限制,也保证了街区内部原有的可达性。此外,实行街区内部的单向交通组织还可在一定程度上节约道路空间。

4. 安宁化街区内部道路空间整治

巴黎内城的实践经验表明:街区在限速30km/h时,机动车道宽度在4.2~4.5m之间就可以完全满足汽车的会车要求,在有货车通行需求的部分路段也仅需将车道放宽到5m。实行限速后的街区内的机动车道可进行收窄,节约出的原机动车道空间可用于增加人行空间、设置自行车专用道、在停车需求较大的路段设置路内停车带等。交叉路口的改造旨在通过迫使驶入的机动车减速,以保障行人的过街安全,具体措施有收缩路口宽度、抬高行人过街、改变交叉路口铺装、交叉路口中央设置减速岛或减速桩等。

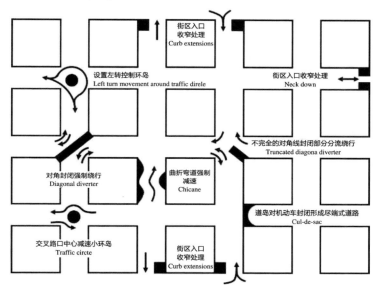

图3-5　安宁化街区内机动交通组织形式示意图

5. 扶持非机动交通

鼓励非机动车出行是巴黎内城实行安宁化街区计划的一项重要内容,进行安宁化改造的主要目的就是将通过限制机动车节约出来的道路空间腾挪给非机动车,建设连续的步行和自行车道,与学校、商业、公园等公共建筑、公共设施进行顺畅衔接,增加公共自行车租赁点、停放点等配套设施,促使非机动车出行在区域内成为最为便捷和高效的出行选择。为保障其落地,进一步在立法层面确立,设立特殊交通规则给予非机动交通在特殊区域的优先权,具体措施如:在单向组织的街区里允许自行车双向通行、在路口允许自行车优先通行规则等(图3-6)。

6. 实施效果:汽车出行总量下降,步行交通成为主流,公共交通使用提高

巴黎的交通总量自1976年以来稳步增加,经历了最初由人口增长所驱动,到由个体出行能力的增加、小汽车交通所驱动,最后由公共交通的普及所推动的整个过程。根据巴黎市政府网站数据,巴黎大区每天产生超过4300万次出行,总长度超过1.8亿km。步行成为目前大区内首要的交通方式,占有40%的出行比重(图3-7、图3-8)。2000年以来,个体机动性一直在迅速上升,巴黎大区内居民平均日出行次数略小于4次,其中巴黎内城居民人均日出行次数4.3次。个体小汽车出行量持续下降,巴黎内城更为显著,户均小汽车保有量从1990年的0.52辆降低到2017年的0.39辆,且总车辆数在10年内减少了90000辆(图3-9)。公共交通在地区普及程度自2000年起日益提高,从2001年低于600万的次数上升到2018年800万次。公共交通使用量的增加也与小汽车使用量减少和区域交通服务的扩展有关。1976—2020年,地铁线路增加了51km,电车线路增加了128km,且随着RER各线(区域快线)开通,铁路运输服务也得到加强。总体而言,公共交通服务已经覆盖近郊地区及远郊部分线路,且随着有轨电车和新环线的回归,公共交通服务更加多样化。

图3-6 巴黎自行车道设置

注:巴黎大区规划院网站 https://www.institutparisregion.fr/。

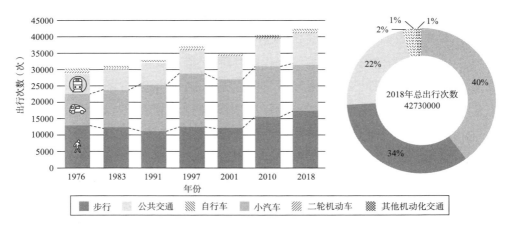

图3-7 按交通模式分布的巴黎大区日均出行次数及2018年占比

注:《巴黎大区出行规划2020》。

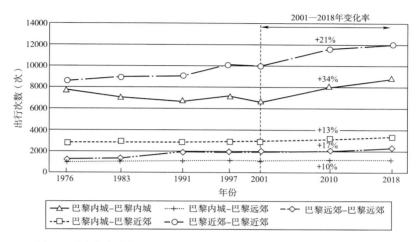

图3-8 按起终点分布的大巴黎地区日均出行次数演变(含各类交通模式)
注：《巴黎大区出行规划2020》。

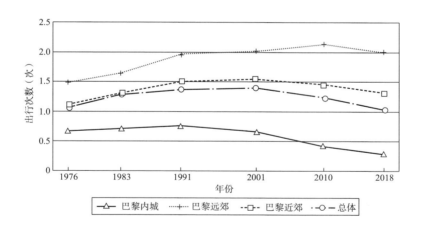

图3-9 个体日均小汽车出行次数变化情况(按居住地区划分)
注：《巴黎大区出行规划2020》。

二、意大利佛罗伦萨古城设置交通限制分区，管理道路通行权

佛罗伦萨位古城于意大利的中部，属于托斯卡纳大区，是佛罗伦萨省的首府，

行政面积102.4km²,人口38.3万,是欧洲文艺复兴的发源地,在15—16世纪成为欧洲最为著名的艺术中心。联合国教科文组织于1982年将佛罗伦萨的历史中心区(Q1)作为文化遗产列入《世界遗产名录》。

意大利历史遗迹丰富,大多数城市的中心区和古城遗迹区域都设置了"交通限行区"(意大利文为Zona a Traffico Limitato,ZTL),如罗马、米兰、比萨、佛罗伦萨等,用以保护历史遗迹、缓解交通拥堵和控制环境污染。交通限行区以严格限制私人机动车交通需求为出发点,通过单向交通组织手段将狭窄密集的道路网络提高容量,辅以轨道交通、常规公交、迷你公交等多层次公共交通系统,最终形成以步行、非机动车及公共交通为主体的出行体系,为古城提供出行服务。ZTL区域内在工作日只允许本地居民的小汽车进出,不同城市的ZTL管理细则略有不同。

下面将以佛罗伦萨历史城区的交通管制区为例进行说明。佛罗伦萨的历史遗迹集中分布在历Q1历史城区内的东部,道路密集、路面狭窄。为有效保护历史城区,ZTL进行了更为细致的分区,划定历史遗迹核心区,并分别制定了详细的交通限制通行规则(表3-2)。

佛罗伦萨ZTL各分区的限行规则 表3-2

分区及功能		限行规则	
分区类型	主要功能	白天限制时间	夏季夜晚限制时间 (四月的第一个星期四至十月的第一个星期日)
A	历史遗迹核心区	工作日:7:00—20:00	周四20:00—周五3:00
B	历史遗迹周边区	周六:7:30—16:00	周五20:00—周六3:00
O	历史遗迹密集区	周日:无限制	周六23:00—周日3:00
F	少量历史遗迹区	无限制	周四23:00—周五3:00 周五23:00—周六3:00 周六23:00—周日3:00
G	绿地	无限制	—

交通限行区的限行规则为,在执行时间段内,除本地居民和特定类型车辆外,具体包括摩托车和电动自行车、公共交通车辆、残疾人车辆、军车和警车、公共服务用车及救护车等,其他车辆进入ZTL范围内的任意区域都须预先取得相应分区的

许可证,否则会面临高额罚款。对于误入ZTL范围内的车辆,也作出了相应的补救办法规定,误入车辆可在进入的第一个小时内,进入ZTL分区内的停车场,由停车场管理方协助消除罚单记录;误入1h以上,只能通过补买分区许可证来消除罚单记录,补买行为有效期仅限于误入行为发生后的7天之内,超出规定时间则需要缴纳高额的罚款。

交通限行区的管理措施能够有效落地,基础在限行区域各交通卡口车牌自动识别技术(Automatic Number Plate Recognition, ANPR)的完善和应用。佛罗伦萨ZTL区域共设置了31处各类限制卡口,其中A、B、O历史遗迹较多和主要风貌控制区内共20个卡口,这些卡口分为常规进入卡口、控制公交车辆进入或驶出卡口、仅允许进入A区历史遗迹核心区卡口和步行区卡口。在限制规则生效时段内,卡口红灯亮起,提醒进入车辆注意自身是否满足限制要求,当车辆驶入卡口后进行拍照识别。在限制规则失效时段内,卡口绿灯亮起,所有车辆均可通行。

佛罗伦萨交通限行区范围由道路相围合,一方面通过单向交通组织确保进入历史城区的车辆仅能从卡口处进入,另一方面通过设置专用道杜绝其他车辆从公交入口进入。通过梳理,与佛罗伦萨ZTL边界相连的道路共有53条,其中单向道路46条、双向道路6条、步行道1条。为便于历史城区的交通管理,政府将ZTL范围内驶入历史遗迹集中区方向的道路数量缩减了60%,目前驶入的单向道路为17条,驶出的单向道路为29条。

交通限行区内的A区作为历史遗存最多分布最密集区域,施行最为严格的限行规则。在ZTL全范围内的31处卡口中,仅有1处卡口可用于常规车辆驶入,体现了最高标准的历史文化保护优先。同时,为保障正常的交通需求,在A区边缘增加了两处公交进入卡口。整个A区内以步行为主,与街区尺度、业态分布形成正向反馈,以最大程度激发街区活力。但区域内的步行道并非施行完全的机动车隔离,而是在交通限行区规定时段外,制定豁免规则允许特定类型的车辆驶入,除救护车、消防车、警车等公共服务车辆外,还包括内部酒店接送客车辆、商家运输生鲜食品载货车辆等生活商业服务车辆,切实体现了限行作为交通管理手段的灵活性和适用性,而不是为了步行而步行,增加区域内居民和商家的出行不便。

三、英国国王十字街营造轨道交通微中心,路径式公共空间

国王十字车站(King's Cross)是一个多轨道交会的大型铁路终点站,位于伦敦市的中心,在卡姆登区和伊斯林顿区的交界处,更靠近卡姆登区一侧。国王十字车站兴建于1982年,后于1868年在其东侧建设的圣潘克拉斯火车站一道成为第二次世界大战时期英国最重要的交通枢纽和工业配送中心。在经历了20世纪30年代的经济大萧条、第二次世界大战的劫难和1948年的国有化改革后,英国的铁路运输业遭受连续重创,开始衰退。此时的公路运输还是快速发展,逐步替代了铁路运输,国王十字站地区加速衰落,工厂倒闭搬离,一片萧条,该地区从一个繁盛的工业和货物集散中心逐渐沦落成为未能充分利用的工业宗地,并成为当时伦敦的十大最贫困选区。直到20世纪70年代,国王十字站地区开始启动地区更新计划,这一更新计划长达30年,不断顺应时代要求和城市发展需求进行修正和完善。历经"商业开发为主导""商业开发和活力重塑并重""区域整体价值提升"三个阶段,实践证明:以公共交通为核心,构建区域更新的战略框架,借助轨道交通建设的契机,最大程度上发挥轨道交通对于区域的人流引入功能,进一步分类制定用地功能的引导和管控,是该地区复兴成功的关键。

主要更新历程如下:

(1)1976—1995年:以商业开发为主导的更新计划。

得益于1980年摄政运河的建设完成、漕运的兴起加上国王十字站地区内密布的铁路网络,该地区的仓储转运业发展迅速,成为伦敦市的重要货运中心。随着煤气照明的普及,国王十字站地区除粮食、蔬果、煤炭转运中心外,还成为伦敦管道煤气的供给中心。各类工厂的不断集聚也带来了大量工人再次聚居。在经历了20世纪30年代的经济大萧条、第二次世界大战的劫难和1948年的国有化改革后,英国的铁路运输业遭受连续重创,开始衰退。此时的公路运输还是快速发展,逐步替代了铁路运输,国王十字站地区加速衰落。至此,国王十字站地区从繁盛的工业中心走向萧条的工业宗地。在20世纪后期,其低廉的租金价格吸引了部分艺术家和艺术团体在此创作、居住,成为夜生活丰富的区域,大英图书馆、弗朗西斯·克里克研究所(Francis Crick Institute)的修建也使该区域的人流大量增加,然而高犯罪率、

低就业率和生活环境低劣等问题并未得到改善。伦敦市于1976年制定《大伦敦发展规划》,为解决国王十字站地区的空间问题,提出该片区以公共交通枢纽为核心发展商务办公。由此,国王十字站地区进入更新时期,开始了"以商业开发为主导、以土地引资本"的更新探索。这一模式随后期英国房地产公司和市场的不景气而宣布终止,开发商无力持续性地投入资金支撑国王十字站地区的高强度开发,这一模式未能提振地区价值,反而造成了贬值。这一时期的更新计划随着"伦敦都市更新联盟"撤回规划申请而正式宣告失败。

(2)1996—2000年:以商业开发为主导并重活力重塑的更新计划。

1996年,铁路英法海底隧道(Channel Tunnel Rail Link)开通,国王十字联合体(King's Cross Partnership)建立了针对国王十字区的7年复兴计划,随后政府在编制的《大伦敦地区机遇增长区域和强化开发地区规划框架》中,将国王十字站地区划定为"中心城区边缘机遇区",并将其规划定位调整为商务办公、居住、旅游等多种功能的复合型功能机遇街区。对国王十字火车站西侧区域(含圣潘克拉斯火车站)进行改造,而对南侧铁轨区域并没有规划建设。除此之外,伦敦市政府还决定将英吉利海峡隧道的铁路线重点延伸到圣潘克拉斯车站,为平衡线路现场和车站改建的费用,政府给予了铁路建设方——伦敦欧陆铁路公司在铁路沿线建设开发的优先权。这一决策为国王十字站地区的更新带来了新的机遇。伦敦欧陆铁路公司与该地区的土地所有权人共同组成了"联合开发委员会",并下设各专业侧重的分支委员会,例如关注居住区开发的卡利铁路集团、关注历史建筑保护的国王十字地区保护顾问委员会等,这些不同专业侧重的委员会所提出的各项提议均会被纳入地区更新计划,以指导后续具体更新措施的制定。在《大伦敦地区机遇增长区域和强化开发地区规划框架》的指引下,经多方协商探讨,形成了"努力优化居住环境、重塑区域公共活力"的共识,但地区的实际规划仍以商业办公为主导功能。因此,此份更新计划提交后,再次遭到当地民众的反对,未能顺利实施。

(3)2001—2006年:以提升区域整体价值为导向的多元复合更新计划。

国王十字站地区的空间属于自发式生长形成,没有经过整体构思和规划,各个时期的建筑、道路、设施等都在此不断叠加、演化,历史建筑及工业废弃建筑相互混杂。从大区域角度来看,国王十字区呈现区域破碎感和片段化,西侧以国王十字火车站和圣潘克拉斯火车站为一体;东侧自约克路以东是住宅区。由于区域本身就存在内外功能的不协调,而约克路的修建更加剧了两侧的分割。所以,在国王十字站地区的这轮更新计划中,将约克路作为缝合两侧功能的重要衔接点和提升整个区域的关键。由此可知,国王十字站地区的本轮更新规划,并非仅仅立足于该地块的建设,而是致力于推动整个区域的复兴、整改与疏解。国王十字站地区的联合开发委员会随即于2001年引入以资产管理见长的开发商Argent,共同合伙成立国王十字中心区域有限合作公司进行共同开发。该公司经过与当地社区充分协商,摒弃了大规模拆旧建新模式,决定以轨道建设为契机,在延续历史风貌、保护传统景观的前提下,进行城市环境质量的整体提升,构建多维度的地区发展目标,平衡可持续发展与实际利益,推进区域经济、社会、环境的共同繁荣。在这一发展共识的指导下,国王十字站地区所涉及的上级管理政府卡姆登和伊斯灵官方于2004年联合制定并发布了《国王十字机遇区规划与发展概要》,其中将地区的功能明确为:发展就业、居住、教育和游憩等混合功能。该更新计划于2008年正式开工,历经12年的建设于2020年建成,总投入约21亿英镑,是英国近150年以来历史上由单一开发商主导的最大规模的综合性建设项目。项目共建设完成了50余栋新楼、10座公共建筑、20条街道、31万 m^2 办公及4万 m^2 教育配套,增加了近10万 m^2 的公共空间,此外,还完成了对19座历史建筑的保护性修缮。更新后,两大火车站平均日换乘量均高于350万人次,为此,新规划对于该区域的人流、交通流的疏解和区域北侧工业遗址的改造,成为区域复兴的重点。该区域规划还进一步运用空间织补理论,强化了地块南北两侧的道路联系、改善道路衔接的关键节点,以削弱火车铁轨穿越地块形成的物理空间割裂。对有遗留的工业仓储厂房加以利用改造,使其成为能活跃区域、方便周边社区的节点建筑,设置服务功能;在公共空间的组织上,创建吸引人群的趣味性室外活动场地。

更新规划重点如下:

(1)空间织补建立交通节点。

规划场地原本存在东西向交通阻隔,南北向空间不利于人流疏解,导致国王十字火车站站前人流车流物流混杂。在规划设计上要求能够迅速疏解、分散人流和车流;在机动车流线上,打通及改善南北向道路,尊重原肌理增加三条东西向道路,加强两区联系,以强化社会资源共享;采取措施尽量缩短通行距离,倡导慢行出行方式,划定仅允许公交通行的机动车辆限行区域,并通过路线设计尽可能地串联各个公共活动区域,创造节点空间。交通流组织上,除强调与外部的连通性外,还强调了地块内车行线路的目的性。由于地块与周边区域的连通极为重要,规划强化了东西向仓储路(Goods Way)的连通;东西向为疏解高峰时间段国王十字火车站前尤斯顿路(Euston Road)主干道的交通压力,延展约克路,分流过境交通流量,疏散内部交通尽快驶离。街区内部的优化重点在于更具目标性地引导车流,例如由站前广场到中央圣马丁学院,再到北区住宅及酒店的区域,沿路有出租汽车等候点,方便中心区住户及游客。除此之外的公共空间,均为人性化尺度的步行线性空间,大幅增大了人群的活动区域。在人流组织上,该区域的车流集中服务于附近的居住区,出行主体多为外来游客和本地居民。当地交通等管理部门通过对该地区进行出行预测和环保型出行政策引导,使得在国王十字中心区中人行线性空间占主要部分。为给周边住宅区域人群提供更多活动空间,满足人员流动的双重需要,设计了方便行人的主要步道,引导站前广场的行人向东深入国王十字区及东北向区域;步道两侧设置商业区域形成活跃的休闲空间,为本身缺乏活动空间的社区提供便利。除两条主要步道之外,其余为大众均可通行的公共区域。除去室外空间,半开放的室外空间及室内非私人区域,为交通流组织增添了灵活性和趣味性。以上四种交通空间考虑均以行人为基本,地面层增设零售服务业,填补周围住宅区商业空间的空缺。

(2)路径式公共空间弥补商业功能。

国王十字站地区的公共空间不仅为公众提供了丰富多样的休憩活动场所,还是连通南北两区的串联路径,共由11个大小不一的公共空间组成,通过精心地设计安排关键节点和划定路径进行组织。其中最大规模的公共空间为中心广场,围绕这个广场,用路径式的公共空间将其他次级广场与主广场相串联,形成整体架构。这种路径式的公共空间在尺度上较为宽敞,沿路设有各类商铺、休闲设施及雕塑小品等。

谷仓广场不仅仅是整个区域公共空间架构的核心景观节点,同时还是铁路、运河、公路三种交通方式汇聚的交通转换节点,对于整个区域功能的实现非常重要,因此,规划选取此处作为步行网络的关键节点,以此为中心向外发散构建步行网络体系。主广场的西侧最初是用于储存装卸煤矿的仓库,后被改造分割成为工作室和酒吧,随后受其附近的圣马丁学院艺术氛围影响,于2018年最终改造成为潮流商业集聚地,常用于举办时装走秀等各类活动。主广场的东侧,在圣马丁学院的教学地和原货物集散中心之间形成了一个半开放的小空间,后成为学生午餐、商超促销的主要场所(图3-10)。主广场汇聚各方前来的各路人流,东西广场以不同的功能主题分化人流,作为整个公共空间框架的顶层空间,这"一主二辅"的节点区域成为各种交通路径的中心点,连接东西两地块的沟通点,贯通南北向的门路。

图3-10 谷仓广场

国王十字地区的更新里程和最终成功经验表明,单纯从物质空间考量或是经济利益考虑都难以说服公众落地并取得持续的成功,综合物质、文化、经济和功能,是针对衰落地区复兴、破碎功能缝补最为有效的综合解决方案。以公共交通为骨架推动更新,构建轨道交通微中心,建立在活力复兴上的更新才是可持续进行的方案。具体成功经验可总结为:坚持以人为本,以增加人民福祉为首要目标,鼓励公众参与,形成协商制度完善的规划框架;以延续和保护地区历史文化为前提,采取修复式的新建设，扩展原有历史建筑的影响范围；采取缝合织补的方式，对街区内外的人流、车流进行梳理和组织，构建风貌协调、肌理相接的活力街区。

四、日本历史地区：地上保护地下发展，地下空间适应性利用

日本在快速城市化时期，当城市新增功能开发需求与历史文化遗产保护发生矛盾，也是通过地下空间的适应性利用有效地缓解了两者在空间资源上的争夺，使历史文化传承与提高容积率、改善设施等发展需求之间相对和谐，这也可被视为一种空间"供给侧"改革的做法。

日本的地下空间建设开始于19世纪末，由于战后日本城市文化遗产破坏严重，激发了人们对历史保护的高度重视，因此地下空间在后来城市复兴中广泛应用于历史地区，为保留地上历史遗产、发展历史地区经济作出了积极贡献，在扩展城市空间、保护地面历史遗存、解决大城市病方面积累了丰富经验。国际古迹遗址理事会于1987年10月发布了历史城区保护纲领性文件——《华盛顿宪章》，其中明确定义了"历史地区"的概念，"不论大小，包括城市、镇、历史中心区和居住区，也包括其自然和人造环境"。日本教科文组织沿用了这一概念——历史地区指在历史上或建筑上具有较高价值的旧城区。在日本，具有法定意义的表达历史地区的概念有"重要传统建造物群保存地区"（指位于与周围环境和谐一体的历史风致区中具有较高价值的传统建筑物群，后称"保存地区"）、"历史风致地区"（城市中具有历史传统活动和人文活动的历史街区与建筑环境）、"景观地区"等，类似于我国的《历史文化名城保护规划标准》（GB/T 50357—2018）中的"历史城区""历史地段""历史文化保护区"等概念。

日本地下空间主要包括地下铁、地下街、地下站点、地下停车场、地下变电所与共同沟等主要设施。日本的地铁于1927年开始建设，近百年来在13座城市共建设了总里程约852km的线路，最深线路可达地下42.3m，这些城市中有12座具有400年以上历史。伴随着地下铁的开发，地下街自20世纪30年代开始建设，目前日本共登记了80处地下街，总面积达到120万 m^2，其中近半数的地上空间与历史文化相关。地下街的建设会统筹考虑地上功能以及地下停车、步行通道等空间，形成完整的功能组织。日本面积最大的一体化地下空间位于东京站及其周边地区，连接

面积达26.3万m²，地下步行距离长达18km，地区历史可追溯至江户时期。地下变电站与共同沟建设应用成熟广泛，在东京400个变电站中有约160个位于地下，包括位于历史建筑高野山东京别院地下的超高压变电站；东京城市地下共同沟总长达126km，最深可达40m。古代城市主要分为城下町（町指街区街道）、宿场町、门前町、商家町、港町等类型，其中城下町是围绕地方政权中心的城堡建立起来的繁华地区，城市的迭代发展使得城下町地区演变成为大多数现代化大都市的中心。据统计，人口在50万以上、历史超过300年的县府城市中，有72.2%的城市拥有城下町地区。日本历史地区地下空间多位于城下町地区，这与城市历史发展演变规律以及土地利用私有制密切相关。日本三大都市圈中心城市东京、名古屋、大阪以及地方枢纽城市札幌、京都的城市中心均是城下町地区，均建有大面积的地下空间（表3-3）。城下町地区的特征是街道肌理呈棋盘式，由于日本的土地私有制只能在公共空间进行地下开发，因此日本历史地区的地下空间大部分按传统的街道肌理呈现网格化布局，这种布局方式也有利于地下空间的实际建设。

2019年日本人口50万以上地方县府城市的历史区域地下空间建设情况　　表3-3

序号	县府城市	所属都道府县	始建年代	主导功能	县府人口（万）	地下空间利用类型	
						地铁	地下街
1	东京特别区（东京都中心部分）	东京都	600	地下町、港町	1350	13	18
2	横滨市	神奈川县	600	港町	372	2	5
3	大阪市	大阪府	1500	城下町	269	8	13
4	名古屋市	爱知县	400	城下町	229	6	15
5	札幌市	北海道	150	城下町	195	3	3
6	福冈市	福冈县	400	城下町	154	3	4
7	神户市	兵库县	1200	港町	154	5	6
8	京都市	京都府	400	城下町、商家	147	2	2
9	埼玉市	埼玉县	400	宿场町	126	1	—
10	广岛市	广岛县	400	城下町	119	1	—
11	仙台市	宫城县	400	城下町	108	1	—
12	千叶市	千叶县	900	门前町	97	—	—
13	新潟市	新潟县	300	港町	81	—	1
14	熊本市	熊本县	400	城下町	74	—	—

第三章 存在的问题与交通特征

续上表

序号	县府城市	所属都道府县	始建年代	主导功能	县府人口（万）	地下空间利用类型
15	冈山市	冈山县	400	城下町	72	—	1
16	静冈市	静冈县	400	城下町	70	—
17	鹿儿岛市	鹿儿岛县	600	城下町	60	—
18	宁都宫市	栃木县	400	城下町、门前町	51	—
19	松山市	爱媛县	400	城下町	51	—	1

日本历史地区地下空间建设历程如下。

第一阶段（19世纪末至20世纪初）：被动式基础开发。19世纪末，明治维新运动兴起，受西方文化思潮冲击，日本开始进入高速城市化阶段，并随之产生环境污染、空间拥挤、交通堵塞等大城市病。日本地下空间从上下水道建设起步，围绕隧道、公路、发电站等基础设施开始建设。这一时期城市历史保护还未出现区域划分，地下空间建设以缓解地区发展基础性难题为目的的被动式开发为主，但已发布建筑、名胜古迹、国宝等历史文化保护法律政策，如《史迹名胜天然纪念物保护法》（1919年）、《国宝保存法》（1929年）等。

第二阶段（20世纪中期）：主动式规模开发。这一时期，日本历史地区地下空间利用迎来发展的关键转折点：①20世纪20年代至20世纪60年代的战争对许多历史城市造成严重破坏，市民对复兴城市文化、保护历史遗迹的情绪高涨，催生了1966年《文化财保护法》的颁布，该法明确规定地下开发要以保护地下埋藏物优先，自此日本的文化保护进入法治化阶段。②20世纪60年代至20世纪80年代，以战损城市大规模复建、东京奥运会等重大事件为契机，地下空间被整体纳入新一轮的城市规划建设中，并在这一过程中充分考虑文化保护的因素。如名古屋《都市计划法》规定，地下空间开发要考虑文化保护的需求；东京首都高速在皇居、迎宾馆、东京站等多处历史建筑周边采用下穿的方式保护地上景观。1935—1980年间历史地区地下空间顺应整体地下空间建设趋势呈大规模主动开发，日本地下街从无到有增加了80万 m^2，开通地铁的城市增至6座且均是历史性城市。

第三阶段（20世纪末至今）：主动式深度开发。东京、大阪、名古屋、京都等主要城市的城市化率在2010年陆续突破90%，20世纪末日本平均城市化率已超过

65%,城市地上空间资源紧缺。信息时代经济增长带动地下空间规模持续增长，2010年末日本地下街建设总量突破120万 m^2，2019年末日本地下铁路网密度达0.2%（我国同期仅0.05%），东京都高达15.3%；随着1989年《推进地下空间公共利用基本计划的制定》、2000年《大深度地下空间特别措施法》、2001年《关于地下街的基本方针》的颁布，以及地下开发技术的迭代更新，地下空间网络化、复合化、深度化成为未来发展趋势。历史地区地下空间在空间结构、功能布局、生产效益等方面更加成熟完善，对地区旅游带动、文化传播、经济发展都有着积极影响。未来大深度地下开发将大大降低地下空间开挖建设对地面文化遗产带来的振动、沉降噪声等影响。

日本历史地区地下空间的适应性利用如下。

适应性利用最早在建筑领域被提出，专指根据当下的使用需求改造既有建筑物，使其改造后的功能完全不同于其设计之初功能的一种改造方法。后将此概念应用于历史保护领域，指通过适应性利用（人工介入的行为手段）使历史建筑、历史景观适应新的现代化需求，焕发新活力，同时保留其原真性的风貌和环境。日本在历史地区地下空间的适应性利用，是以保护地面历史空间肌理为前提，根据地区在经济、空间、功能等多方面的发展诉求，合理适度地利用地下空间，以缓解保护与发展之间的矛盾。

（一）地下空间组织模式

历史中心地区是一座城市的起源，是城市建设历程的见证者，也在城市的演化过程中起到了重要的影响作用。在现代化进程快速推进的当下也被渗透和影响，也因此成为城市问题集中的区域。日本历史地区的地下空间经过长时间的发展已成系统分布，即在历史地区中心区域的地下分布若干重要节点、各个节点之间进行相互连接发展形成特定的网络形态关系。这些关键节点可按功能性质分为两个类别：第一类是地下交通设施，包括地铁站、地铁线路、步行通道、停车场等；第二类是地下市政设施，包括综合管廊等。根据其组织形式的不同大致可分为网络式、集中式、围合式和单一点状/线状，具体适用范围与历史地区的面积、历史建筑或历史文化资源分布特点密切相关。通常集中式适用于面积在1000万 m^2 以上的历史地区，网络式适用于面积为100万~1000万 m²的历史地区,围合式和单一点状/线状适用于面积在100万 m²以下的历史地区。

(二)网络式

网络式地下空间组织模式适用于地铁线路已基本成网的历史中心地区。虽然通常情况下城市中心区域的地铁线路在经历一段时期的建设发展后基本都可形成网络,但对于历史建筑、景观资源分布密集的历史中心地区来说,地铁线路的选择和站点的设置更需要仔细考量和慎重选择,最好能够基于已初步形成网络结构的地下轨道交通网络进行建设。这样布局的好处在于:①网络已延伸靠近各类历史资源周边范围,可在不影响其保护的前提下进行交通站点的设置;②线路的延伸、选择都要在不会分割历史景观、地下通行车辆产生的震动不会对地上历史建筑和构筑物造成破坏的前提下进行;③便捷的交通服务网络需要足够数量的地下线路支撑。

名古屋市地下空间组织模式为典型的网络式。名古屋市位于日本爱知县西部,是爱知县首府,是日本人口第四大城市,全市总面积326.45km²,总人口228.4万,也是日本三大都市圈之一——名古屋都市圈的中心城市,属于日本在第二次世界大战前规定的国内六大都市之一。名古屋过去曾是尾张德川的城下町,历史上是日本战国文化的重要发祥地,其中心区在二战期间被严重破坏,战后许多历史遗迹消失殆尽,第二次世界大战后率先开始进行城市复兴,其地下交通、地下街的建设是名古屋现代化发展与经济全面发展的标志,同时也为历史的传承复兴带来便利与空间。名古屋历史中心区文化遗产丰富,主要有历史建造物、历史街道、地下埋藏物等,为恢复往日历史古城风貌,名古屋市对历史建造物实行分级保护并建立了较为完整的历史遗产保护体系,并制定了历史风致相关保护规划。城下町位于该历史地区的中心区域,该区域四周为四条城市干道,四条轨道线路依据城市干道走向在该区域边界交汇,并设置站点、进行地下连通,形成地下步道和地下商业街,以方格状将整个城下町包围在其中。由此,促使城下町成为该历史地区甚至名古屋整个城市的地下轨道换乘中心。由位于四个端点的轨道站点向四周延伸出的地下轨道线路呈"井"字形将区域内的历史景观资源进行分割,线路均不穿越历史地区,即边界地联通了各个景观资源,又能保证不对其景观风貌造成分割。据此,网络式组织模式可抽象化表达如图3-11所示。

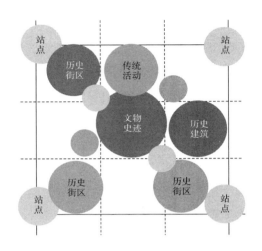

图3-11 网络式地下空间组织模式示意图

(三)集中式

集中式地下空间组织模式是在历史中心区内的地下空间布置单个或少数重要节点,再根据区域内历史资源的分布位置设置多个次要节点,形成主次分明的空间体系,常呈"一核多点"和"双核心"形式(图3-12)。其中,"一核多点"是构建一个开发程度较高的复合型地下空间,适用于面积大、等级高的历史地区,如名古屋及其周边区域;"双核心"是构建两个开发程度较高、功能互补的地下空间核心,常应用于历史资源分布位置有一定距离、建成年代相距较远且等级同等重要的历史地区,如福冈博多-天神地区。集中式空间组织模式有利于较大面积历史地区公共服务设施的完善,常采用以公共交通为主、步行为辅的交通组织结构,将交通资源集中汇聚,便于人们在短时间内到达换乘目的地,同时将人流送达区域内部,在提升交通效率的同时也利于商业流线组织,利于带动整个地区的经济、旅游、商业、交通等协调发展,形成高效有序的地上地下功能组织,保证地面历史环境的稳定发展。

第三章 存在的问题与交通特征

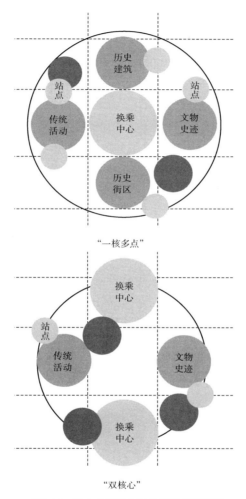

"一核多点"

"双核心"

图3-12 集中式地下空间组织模式示意图

（四）围合式

围合式布局类型适用于历史资源分布集中、历史地区整体范围较小的地区，轨道线路和站点在其外围形成包围式布局。日本历史地区的整体路网大都是网格状形态，围合式的轨道站点一般选择设置在道路交叉口处，而后由站点沿道路向四周延伸，在有条件建设的部分形成地下步行道或地下商业街。这一方式有效缩短了各站点间的通行距离。历史地区的街区内部通常限制机动车交通，道路采用单向

97

组织，机动交通都集中在街区的外围（包括地上和地下道路）。京都是围合式组织的典型代表。京都作为日本历史悠久的城市，其地上、地下历史资源分布均较为丰富，分布主要集中在三条道至御池通间。其街巷肌理基本完整保留和延续了江沪至平安时期的风貌，很多路名都沿用至今，各个历史时期、各种风格的历史建筑遍布城内，且大部分都保存完好。

京都地下历史文物埋葬的丰富性较大程度地限制了地下交通系统的建设和发展。京都全市仅有东西线和乌丸线两条地下轨道线路，分别沿城市主干道乌丸通和御池通布置，另有从大阪到京都河原町的阪急电铁和从鸭川东侧的川端通的京阪本线分别沿四条通、河原町通在历史中心地区外围通过（图3-13）。这四条轨道线路呈包围之势将京都的整个历史地区围合在内，共设有8个轨道站点，并依托站点间的联通设置了地下步行道、地下商业街、地下停车场等设施，进行了地下一体化的开发建设。其中，于20世纪60年代建设的连通乌丸站和河原町站之间的地下步行道，整个长度达到1.2km，至今仍在区域步行系统中发挥着重要作用。据此，围合式组织模式可抽象化表达如图3-14所示。

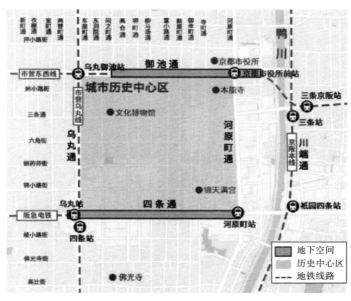

图3-13　京都历史中心区站点及线路布局

第三章 存在的问题与交通特征

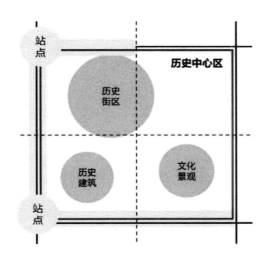

图3-14 围合式地下空间组织模式

（五）地下停车场网络化

日本的历史中心区大多延续了古代方正的城市格局，具有路网密度大、路幅宽度窄、建筑密度高等特点。为进一步提高机动车通行效率、保护传统历史风貌，当地政府在历史地区推行了一系列交通优化政策，如"公交优先""步行优先"等，与之相配套的还有各类停车设施建设和停车需求管理措施。京都市于1997年开始实行《京都市停车场整备规划》，主要内容为筛选有条件的区域划定停车整备区，在邻近中心区域、商业区域的关键交通节点处建设地下停车场或地面停车楼，以缓解当时由快速机动化带来的停车问题（表3-4）。2000年，为配合"步行城市"理念的推行，京都市将交通问题的关注重点由机动车转移到步行和公共交通方面，并提出控制停车场数量、进一步提高既有停车场的使用效率。发展到2010年，京都市提出"步行京都"发展计划，对原有的《京都市停车场整备规划》进行修订，将历史资源集中的区域划定为公交优先和步行优先的重点区域，在此区域内拓宽人行道，提倡步行、自行车出行，并设置大量自行车停车场，采用机械式地下自行车停车场弥补地面空间的不足（图3-15）。通过外围机动车地下停车场控制车辆进入，以及内部自行车地下停车提高公共交通使用相结合，实现地下停车系统化网络化全覆盖布局，解决历史中心区拥挤的交通问题，提高历史中心区内部交通的通行效率，维护了周边的历史环境。

既有京都历史地区停车场一览表　　　　　　　　　　　表 3-4

名称	建成年份	容量(个)	地上(地下)层数	周边历史环境
円山停车场	1971	130	1(2)	祇园四条、八坂神社
鸭东停车场	1979	150	2(4)机械式	祇园四条
御池停车场	1997	310	1(2)	京都市役所、本能寺
御池第二地下停车场	1997	630	1(2)	京都市役所、本能寺
乌丸四条停车场	1960	596	5(2)	历史中心区
井筒屋立体停车场	1990	126	地下机械式	三条通
京都市役所前广场自行车停车场	2015	400×2	地下机械式	京都市役所
御射山自行车停车场	2010	121	1(2)	御射山公园、锦市场

图 3-15　地下立体式自行车停车库

五、国外经验小结

(一)以适应历史街区的特殊性为首要原则

由于历史街区的道路格局不同于现代城市道路网络,与现代机动车交通工具之间存在一定的客观矛盾,加之历史街区的道路本身也是城市历史文化遗产的保护对象,即作为"路"的可调整余地很小,不可能也不应该完全套用现行城市道路交通规划的规范和手法。只可能是"车服从路",而不是"路服从车",必须根据历史街区的实际情况采用适应性的规划理念和技术措施,以兼顾历史保护和交通需求。适应性应分为"适用"和"适度"两层含义:第一层"适用",是允许和鼓励突破规范去探索适用于历史街区的新理念、新技术,并努力建立适用于历史街区的新标准;第二层"适度",是所有的交通措施都应以不损害街区的历史价值维度为前提,不一味追求交通的便捷和舒适。

(二)以需求管理、交通疏解为基本思路

保护优先的原则决定了历史街区内的交通规划措施不可能也不应该大量增加道路供给,既然不能"增路",就只能通过"限车"来解决路和车的矛盾,即通过交通需求管理来疏解历史街区的交通压力。具体措施可分为宏观、中观和微观三个层面:宏观上,削弱历史街区所在老城区域的中心职能,从总体上降低城市对历史街区交通的宏观需求;中观上,由于大多数历史街区都具有区域交通的特征,可通过规划手段引导、排除不必要的外部穿越交通,以满足街区内部交通以及与城市之间联系的交通需求为主。在微观上,可通过规划用地调整、提高公交可达性、停车管理等其他管理和经济手段,控制街区内的机动交通需求。

(三)以满足历史街区的可达性为最终目标

保障历史街区的可达性是其得以继续生存发展和发挥社会价值的基本条件。一方面要保证历史街区作为一个交通区域和城市其他交通区域之间具有较好的可达性,即街区应和周边道路网络有足够的联系;另一方面,要保证历史街区内部具有较好的交通可达性,除增加公共交通、鼓励慢行出行等措施外,在不破坏历史风貌的大前提下,通过更为精心的交通组织、因地制宜地增加交通供给,以适当提高街区内的机动交通可达性。

六、国外经验应用于我国的局限性

(一)支路网络系统欠缺

与上述国外案例地相比,我国超大城市的传统商业中心区普遍存在街区内路网体系不完善的问题,支路层级不健全的问题尤为突出。由于空间的紧缺和使用需求的激增,使得既有的街巷被违规占用、缺少管理维护,导致通行堵塞、功能退化甚至萎缩。因此,在我国的传统商业中心区域内实行机动车交通的限制性措施,首要考虑的不是国外案例中提及的"限速",而是进行系统的路网梳理,理通道路网络、恢复道路功能、做好道路组织、保障必需的货运通行,而后才是针对私人小汽车的交通管制措施。

(二)非机动车量级较大

我国相较于案例城市国家的非机动车交通量远不是同一量级。我国非机动车的种类繁多且复杂,除常规的自行车外,还有电动车、三轮车、助动车等。通过道路交通空间设计和特殊交通规则指定扶持非机动车的思路在实施中,具体侧重和做法会与国外城市有较大的区别。首要是处理好步行和其他非机动车交通的关系,保障非机动车交通网络的连续性和安全性。同时,借助非机动车专用通道、砌块式地面铺装等,防止电动车的过快行驶,充分保障行人安全。

(三)政策法规有待完善

纵观案例城市的交通发展历程,立法保障是极为重要的制度基础。与之相比,我国的交通法规整体还不够完善,也缺乏特殊性的交通规则政策,如"交通限制区"等,并且短期内也难以制定、颁布。除此之外,随着交通工具的多样化和汽车制造技术的发展,现行的交通法规在具体条款的表述上更新不及时,会出现不够严密的情况,对于交通参与者的违法处罚行为约束不够全面和健全,这都为不文明的交通行为制造了漏洞和弹性空间。从交通参与者养成文明守法的出行习惯层面看来,我国还需要较长的时间,因此在传统商业街区实施交通限制性措施和政策,目前仍不能过多依赖交通参与者遵守规则的自觉行为,而是应当更多地考虑如何通过空间设计进行"硬性"引导来影响和纠正交通参与者的错误行为习惯。

第四章

发展策略与具体措施

第一节 交通承载力考量

一、界定与表征变量

关于城市交通承载力的研究,更多的是从硬件设施承载力的角度考量,侧重交通空间资源的利用。为充分发挥各类交通设施的利用效率,对空间资源强约束下的城市特殊区域的交通承载力分析,还应该加入时空资源的考量,即软、硬件的承载力均需考虑。由此可知,超大城市的传统商业中心区的交通承载力应定义为:在空间和时间资源的强约束下,一定交通组织和服务水平的设定下,特定交通单元所能够实现的最大空间转移能力。具体可采用交通时空资源函数进行表述。

因此,超大城市传统商业中心区的交通承载力系统应包括三部分:交通供给、交通需求、交通约束(图4-1)。交通供给,可看作交通支持系统,指传统商业中心区进行自我功能维持和调节的能力;交通需求,即为交通使用系统,指具体交通的使用者的交通需求大小,是交通支持系统所承载的对象;交通约束,则是对供给和需求系统的约束,表现为交通设施容量、环境容量、旅游容量和历史风貌保护条件的约束。

传统商业中心区的区位特征和复合功能决定了其应满足一定机动化和非机动化的交通需求,而交通需求需要交通设施的承载,因此应引入交通设施承载力来表征该区域承载机动化与非机动化交通的能力。交通设施承载力既包含了动静交通时空资源也考虑了不同交通方式承载能力,是表征传统商业街区的交通硬件设施承载力的核心指标。

环境容量是表征生态环境健康条件下和历史环境下该区域承载的社会经济活动所能容纳污染物的最大负荷量。由于不同的交通方式运行所排放的污染物数量不同,这在客观上对于传统商业中心区的交通方式提出了相应的要求。交通环境承载力则可表示传统商业街区环境系统所能承载的交通系统健康运行的最大能力,是交通承载力的重要约束条件。

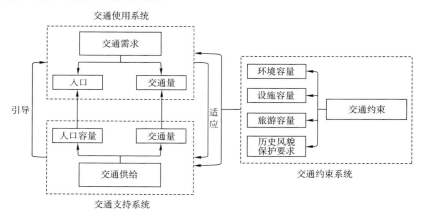

图 4-1 传统商业中心区交通承载力各系统间相互关系

传统商业中心区除承担区域内居民的正常出行外,其区域功能的特殊性决定了其交通系统还必须满足旅游人群的出行需求,其旅游环境承载能力要与交通承载能力相协调。

由此,传统商业中心区交通承载力的主要表现为交通设施承载力、交通环境承载力和旅游交通容量,其中交通设施承载力和旅游交通容量是基础,共同构成了传统商业中心区的资源承载力,而交通环境承载力是约束条件。

二、计算方法

(一)交通设施承载力

根据前文对超大城市传统商业中心区的交通承载力定义延伸可知,交通设施承载力是指:在一定时间和一定交通状态下,交通设施所能够实现的人、物最大移动量之和。交通设施承载力可主要划分为道路和轨道两方面的设施承载,道路承载力可依据服务对象进一步分为机动车、非机动车和步行。交通设施承载力与交通设施容量存在一定的相似又有本质区别。交通设施承载力,是整个设施系统在满足了各种约束条件下的运行过程中所能够承载的最大交通个体数,强调的是设施间的相互配合,是动态量。交通设施承载力的影响因素包括空间结构、土地利用、交通方式、路网结构(布局、等级、规模)、停车设施、轨道交通线路和运营、交通设施类型、道路交通流构成、交通管理策略等。交通设施容量,是指具体某一交通设施所能够容纳的最大交通个体数量,多针对特定、具体、单一的设施而言,是设施本身所具有的天然属性,不受时间、使用与否而改变,数值是唯一且稳定的,是理想状态下的一种设计容纳能力。传统商业中心区特定的空间结构,会对其内部的交通设施使用产生较大影响,历史风貌保护要求对其内部道路肌理、道路设施使用和服务水平、特定街巷的使用等都提出了较高的要求,都会对其计算产生影响。

1.道路设施承载力

城市道路设施承载力与城市交通发展水平直接相关。道路设施承载力,具体包括机动化、非机动车、人行三部分的设施承载力,其中机动车承载力是衡量地区活力和功能的关键因素,而路网容量是计算机动化承载力的主要指标。

(1)机动化路网容量。

路网容量的计算常采用时空消耗法、线性规划法、割集法、交通分配模拟法等。超大城市的传统商业中心区因其特殊区位、交通条件和功能构成,街区的出入口处通常是整个街区的交通"瓶颈",对其交通运行影响较大。出入口对街区路网容量具有关键性的约束作用,可作为调节出入该街区交通量的重要依据。由此,采用出入口通行能力法计算该区域的机动化路网容量,此方式计算方法既简单,又可避免大量交通调查,计算公式如下:

$$C_v = C_{in} + C_{out} \tag{4-1}$$

$$C_{in} = \sum_i C_i N_i \tag{4-2}$$

$$C_{out} = \sum_r C_r N_r \tag{4-3}$$

式中:C_v——传统商业中心区机动化通行能力,pcu/h;

C_{in}——传统商业中心区进口通道通行能力,pcu/h;

C_{out}——传统商业中心区出口通道通行能力,pcu/h;

C_i——第 i 条入口道路的机动车道在一定服务水平下的通行能力,pcu/h;

C_r——第 r 条出口道路的机动车道在一定服务水平下的通行能力,pcu/h;

N_i——入口道路的机动车道数量,条;

N_r——出口道路的机动车道数量,条;

i——入口道路数量,条;

r——出口道路数量,条。

以出入口道路通行能力为机动化交通的控制指标,结合出入交通在历史城区的平均出行距离,传统商业中心区的机动化路网容量为:

$$V_c = \sum_i C_i N_i S + \sum_r G_r N_r R \quad (4-4)$$

式中:S——进入机动车交通平均出行距离,km;

R——驶出机动车交通平均出行距离,km。

机动化交通方面,针对超大城市传统商业中心区可分为内部、出入境和过境交通三部分,需要占用与之相匹配的路网资源,其中,过境交通占用本街区内的道路资源但并不为其服务,应在路网总容量中将其扣除,余下的则为该街区的有效路网容量。由此,传统商业中心区的路网容量可表达为:

$$V_E = V_C - V_P \quad (4-5)$$

式中:V_E——传统商业中心区的有效路网容量,pcu/h;

V_P——过境交通给所占该区域的路网容量,pcu/h。

虽然过境交通量对于该街区来说属于无效交通量,理论上应降到最小,但将其完全隔离也不现实。V_P值的大小与传统商业中心区的用地布局、功能定位、路网布局和路网容量等因素相关。采取适当的措施将过境交通量降低,将更多的交通空间留给有效交通使用,是改善传统商业中心区交通和发展的重要举措。

结合式(4-4)和式(4-5),可得到传统商业中心区的有效机动化路网容量为:

$$V_E = \sum_i C_i N_i S + \sum_r G_r N_r R - V_p \quad (4-6)$$

式中,C_i和G_r需根据不同服务水平采取相应的数值进行修正,而非直接采用的进出口道路的通行能力。

(2)传统商业中心区的路网容量。

根据前文的分析,传统商业中心区内部丰富、狭窄的街巷体系也承载着部分机动化交通和绝大部分的慢行交通,在计算其通行能力时,应根据街巷的宽度和实际可通行的道路断面形式按情况计入。例如,宽度在7~10m间的街巷,应考虑其作为单车道城市道路的通行能力,而宽度在10m以上的道路应考虑其作为双车道的通行能力。此外,还应充分考虑其为了街区特有的历史文化氛围不应被破坏,车速通常控制在30km/h以下(甚至10km/h以下),根据道路的具体设计速度、车道数等,按照车头间距计算街区的路网容量。

综合考量行驶车速、服务水平等因素,将路网容量表达为:

$$V_A = \sum_{i=1}^{S} C_i I_i N_i \alpha_i \beta_i \gamma_i \tag{4-7}$$

式中:C_i——第i类道路一条车道的理论通行能力,pcu/h;

α_i——第i类道路交叉口折减系数;

β_i——第i类道路的平均饱和度(视街区实际交通状况确定);

γ_i——第i类道路的综合折减系数;

I_i——第i类道路的车道里程,km;

N_i——第i类道路的车道数,条;

i——道路等级(1,2,3,4,5分别代表快速路、主干路、次干路、支路和街巷)。

(3)道路设施交通承载力。

超大城市传统商业中心区的道路设施交通承载力可理解为:在街区出入口容量约束下,机动化承载力VC_E和街区内部路网,在既有交通结构和一定时空约束下的最大承载力VC_A。街区内部路网承载力中实际承担出入口的机动化交通量也应计入。因此,传统商业中心区道路设施交通承载力VC_r可表达为:

$$VC_r = VC_E + VC_A = \sum_i \frac{C_{E_i} \cdot l}{h_s \cdot l} \cdot \alpha_i \cdot \beta_i \cdot \gamma_i + (V_A - V_E) \cdot \varphi \tag{4-8}$$

式中:C_{E_i}——第i类出入口道路机动车容量(i一般取1,2,3,4,5,分别代表快速路、主干路、次干路、支路和街巷);

α_i——第i类出入口道路类型综合折减系数;

β_i——第i类出入口道路车速折减系数;

γ_i——第i类道路的服务水平修正系数(视街区实际交通状况确定);

φ——传统商业中心区内部路网服务水平修正系数(不包括与出入口通道相连主干道、次干道、支路和街巷);

C——道路长度,km;

h_s——道路设施交通承载时长,h。

2.轨道交通设施承载力

轨道交通接入能够大大提高传统商业中心区的交通承载力,对于缓解街区内的交通压力具有积极作用。轨道交通设施容量可分为线路和列车两部分的容量:线路容量,指单个方向上单位时间内经过一个站点的车辆总数,受发车间隔、停留时间等因素制约;车辆容量,指每辆列车可容纳的最大乘客数量,轨道交通设施容量与线路容量呈正相关。超大城市传统商业中心区的轨道交通承载力可理解为,该街区影响范围内各轨道线路的最大可承载运输量之和,与具体的线路容量、站点换乘衔接、到站点的步行距离等因素相关,也与行人的主观出行决策相关。因此,轨道交通承载力 V 表达为:

$$\text{Max} V = \sum_r \sum_s q_{rs} l \qquad (4\text{-}9)$$

$$q_{rs} \leqslant \varphi C_{rs}$$

式中:q_{rs}——轨道交通线路站点 r,s 之间的断面流量,人次/h;

C_{rs}——最大可承载的断面客流量,人次/h,与发车间隔和列车容量有关;

l——街区内轨道乘客平均出行距离,km;

r、s——经过传统商业中心区的轨道线路站点。

(二)交通环境承载力

交通环境承载力(Traffic Environmental Carrying Capacity,TECC),指在一定时期、特定范围内和现有交通结构下,在交通所涉及的环境系统功能和结构不产生不良变化的前提下,交通环境所可以允许交通系统可发展的最大规模。由交通环境资源承载力(Traffic Environmental Resource Carrying Capacity,TERCC)和交通环境污染承载力(Traffic Environmental Pollution Carrying Capacity,TEPCC)组成。

交通环境资源承载力,指一定时期、特定范围内和现有交通结构下,在生态环境自我恢复和维持的极限内,交通系统可发展的最大规模,具体包括土地、能源和矿产资源等。依据木桶原理,交通环境承载力是所有包含因素中的最小值:

$$\text{TERCC} = \min(\alpha_L \text{LCC}, \alpha_E \text{ECC}, \alpha_M \text{MCC}) \qquad (4\text{-}10)$$

式中: LCC——土地资源承载能力;

ECC——能源资源承载力；

MCC——矿产资源承载力；

α_L、α_E、α_M——LCC、ECC、MCC的相对权重。

交通环境污染承载力（TEPCC），指一定时期、特定范围内和现有交通结构下，在生态环境自我恢复和维持的极限内，达到相应的环境质量标准和服务水平要求，交通环境系统达到可以容纳的最大交通污染物排放量时，交通系统可发展的最大规模。交通环境污染承载力涉及环境保护标准、环境保护措施等众多因素。其中，与交通环境污染承载力的计算最为密切相关的是环境质量标准和交通污染物排放标准，因此应选取这两个准确且合适的标准为计算依据。交通系统所排放的污染物来源主要为机动车排放的废气、噪声等，不同车辆、交通情况、路面质量等都会对污染物排放的数量和成分造成直接影响。因此，确定交通系统的排放因子对于环境治理措施的制定至关重要，其函数关系可表达如下：

$$\text{TEPCC}=\min(\beta_A \text{APC}, \beta_N \text{NPC}) \tag{4-11}$$

式中：APC——大气污染承载力；

NPC——噪声污染承载力；

β_A、β_N——大气污染承载力和噪声污染承载力的相对权重。

（三）旅游交通容量

相较于一般区域的景点或景区的游客容量，超大城市传统商业中心区的旅游交通容量受城市旅游交通容量、各类公共服务设施容量的约束程度较大，因此，需协调旅游交通容量和其他公共服务设施的关系。由于超大城市传统商业中心区自身带有浓厚的历史风貌信息，地区空间具有强约束性，各类活动类型对空间质量要求也较高，因此，可专供游客使用的空间较为有限。游客人数一旦超过区域的旅游容量，将会降低甚至破坏其空间质量，最后导致该区域的吸引力下降。超大城市传统商业中心区的旅游容量除受到客观空间因素制约外，还受到个人感知的主观因素、旅游管理水平等附加因素的影响，具体可采用可游览用地面积、游览路线的组织、旅游管理政策等指标进行衡量。

根据前文表述，可将超大城市传统商业中心区的旅游交通容量定义为：一定时期、特定范围内和现有交通结构下,旅游交通设施可承担的最大旅游交通出行需求量。具体旅游容量的计算还应该综合考虑各个旅游景点的游客容量,给定数值进行修正。单个景点的游客容量一般根据旅游景点所占用地规模、游览时间、游客特点等因素计算:

$$TC = \frac{S \cdot \lambda}{S_{\min}} \quad (4\text{-}12)$$

式中:TC——旅游容量,人次/日;

S——旅游区实际可游览面积,m²/日;

$S_{\min}$——游客最低限度活动面积,m²/人次;

λ——旅游区游览周转系数,%。

除此之外,还需考虑交通对旅游容量的约束,将交通设施条件作为影响因子对旅游容量进行修正,如下:

$$TC_a = \frac{S \cdot \lambda \cdot T \cdot \sum M_i}{S_{\min} \cdot t \cdot TTC} \quad (4\text{-}13)$$

式中:TC_a——合理旅游容量,人次/日;

M_i——投入旅游服务的某种方式交通设施的承载能力,人·km/h;

TTC——旅游交通设施容量,人·km/h;

T——某种方式平均工作时间,h;

t——往返所需时间,h。

由于传统商业中心区旅游容量的每一次增长,必然带来城市交通的增长,两者是正向相关的变化关系,由此可根据城市旅游容量来确定旅游交通的需求增长量,其公式如下:

$$Q_i = \sum_t \frac{S_i \cdot T_i}{S_{\min,i} \cdot t_i} \mu_i \cdot \lambda_i \cdot \beta_i \quad (4\text{-}14)$$

式中:Q_i——传统商业中心区旅游活动所产生的旅游交通出行量,人次/日;

S_i——第 i 个景点的实际可游览面积,m²/日;

$S_{\min,i}$——第 i 个景点每位游客最低限度活动面积,m²/日;

T_i——第 i 个景点每日开放时间,h;

t_i——每位游客游览第 i 个景点平均所花费时间,h;

μ_i——传统商业中心区景点i的游览不均匀系数(主要景点取1,非主要景点可按0.1逐级递减);

λ_i——景点i旅游活动人次所引发的城市交通出行比例系数;

β_i——景点i外地游客比例,%。

因此,传统商业中心区旅游交通需求总量为:

$$C_t = \sum_{j=1} \frac{Q_t f_j l_j u_j K}{r_j} \quad (4\text{-}15)$$

式中:Q_t——旅游人口的出行总量,人次/日;

f_j——采用第j种交通方式的出行量占出行总量的比例;

l_j——采用第j种交通方式的平均出行距离,km;

u_j——第j种交通方式典型车型的换算系数,pcu/veh;

r_j——第j种车辆典型车型的平均实载人数,人/veh;

K——高峰小时系数;

j——旅游者的主要出行方式,可设定为公交车、私人小汽车、大型客车、非机动车和步行。

旅游出行产生的交通需求C_t所需的旅游交通容量(TTC)与旅游容量(TC)必须保持协调,若$C_t >$ TTC,说明旅游人数超过传统商业中心区交通承载能力,即旅游容量超过旅游承载力,区域历史风貌可能会受到破坏;若$C_t <$ TTC,说明旅游交通容量满足旅游交通需求,但两者相差较大,区域旅游资源未能充分发展。因此,应尽力使$C_t \leqslant$ TTC,并保持在较小的差值范围内,以协调旅游资源的合理利用和充分发展。

三、计算模型

(一)计算流程

在建立和计算空间资源与环境承载力约束下的传统商业中心区交通承载力宏观计算方法前,应首先明确整个计算流程,具体如图4-2所示。

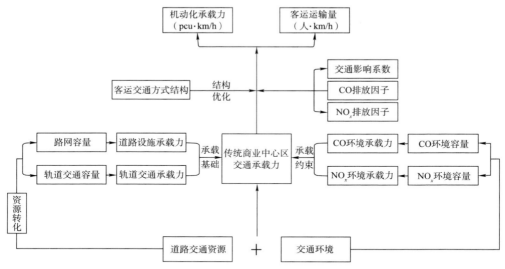

图 4-2 传统商业中心区综合交通承载力计算流程

(二)综合交通承载力计算模型

依据前文所述,由式(4-8)计算而得到的道路设施交通承载力是机动化承载力。现实情况是,在机动化承载力和区域交通需求两者都一定时,还应向公交、轨道、自行车、步行转移承担部分交通需求。因此,传统商业中心区的交通承载力除机动化交通外还应着重考虑提高整个交通系统的运输量,以高峰小时系统最大运输量为目标进行计算,可表示为:

$$\begin{cases} V_r = \sum_{i=1}^{F} K_i N_i P_i L_1 + K_v \alpha_v L_2 + K_0 \alpha_0 L_3 + \sum_r \sum_s q_{rs} L_4 + K_b \alpha_b L_5 + \alpha_p L_6 \\ \theta_1 \sum_{i=1}^{F} K_i L_1 + K_v L_2 + \theta_2 K_0 L_3 \leq VC_E \end{cases} \quad (4\text{-}16)$$

式中:V_r——高峰小时传统商业中心区交通承载力,人·km/h;

VC_E——传统商业中心区道路设施机动化交通承载力,pcu·km/h;

K_i——现行公交管控下 i 路公交车的高峰小时最大周转次数;

N_i——常规公交在传统商业中心区内的车站数;

P_i——高峰小时 i 路车每站平均下站人数;

K_v——高峰小时传统商业中心区内的小汽车数,pcu/h；

α_v——高峰小时小汽车的平均载客数,人/pcu；

K_0——高峰小时其他类型车辆数,辆/h；

α_0——其他类型机动车辆的平均载客数,人/辆；

q_{rs}——传统商业中心区内部及周边轨道站点间客流量,人次/h；

K_b——高峰小时非机动车辆数,辆/h；

α_b——非机动车辆的平均载客数,人/辆,通常取1；

α_p——高峰小时行人流量,人次/h；

L_i——各交通方式平均出行距离,km,i取1,2,3,4,5,6；

θ_1——公交车当量系数；

θ_2——其他类型车辆当量系数。

此外,还应考虑交通环境的约束作用,这主要与交通方式、出行总量、出行距离等有关,具体可表达为：

$$\begin{cases} \sum_{i=1}^{N} k_{iCO} Q x_i L_i \leqslant E_{CO} \\ \sum_{i=1}^{N} k_{iNO_x} Q x_i L_i \leqslant E_{NO_x} \end{cases} \quad (4\text{-}17)$$

式中：k_{iCO}、k_{iNO_x}——第i种交通方式单位里程CO、NO_x的排放量,g/km；

Q——交通出行总量；

x_i——第i种交通方式承担交通出行量的比例,%；

L_i——第i种交通方式在历史城区内的平均出行距离,km；

E_{CO}、E_{NO_x}——历史城区CO、NO_x污染使用的上限,g。

根据交通结构对承载力的影响,传统商业中心区应进行相应的交通结构优化,每种交通方式应有其上限和下限的约束,具体约束条件为：

$$x_{i\min} \leqslant x_i \leqslant x_{i\max} \quad (4\text{-}18)$$

式中：$x_{i\min}$——第i种交通方式承担客运需求总量比例的下限,%；

$x_{i\max}$——第i种交通方式承担客运需求总量比例的上限,%。

四、应用方面

本节基于前文分析的历史街区交通构成特征,构建了以交通设施承载力为主要指标,考虑交通环境承载力和交通方式结构约束,与旅游交通容量相协调的历史城区综合交通承载力计算模型。结合模型,可为历史街区的交通管理、交通供给、交通需求方面的策略制定提供相应的分析支持。交通管理方面,可根据不同交通系统的承载状态提出相应的管理策略;交通供给方面,通过交通服务水平、交通规模、道路通行能力等与承载力的关系,优化交通网络;交通需求方面,可进一步探讨交通需求结构与交通承载力能够良好匹配的优化路径。具体表现为:①传统商业中心区可通过公交优先、公交专用车道等方式将道路资源优先配给常规公交,努力提高公交系统的承载力;②提高轨道交通的站点可达性和换乘便利性,促使轨道交通替换其他交通方式;③在现有街区路网容量的限制下,对于私人小汽车交通,提倡鼓励"合乘"提高单车乘客数量;④保障慢行环境的连续、安全、舒适,提高慢行出行比例。在交通需求和支持系统容量一定的情况下,对不同交通方式的承载力进行合理分配,针对传统商业中心区而言,应优先保障其可达性,保证其适当的机动性,对需求总量进行控制,降低街区的交通压力。

第二节 发展策略

一、问题回顾

根据前文对超大城市传统商业中心区的实证分析可知,道路交通问题主要集中在:

(1)外部道路:干线道路改造滞后与过境交通干扰;

(2)内部道路:支路为主的路网体系狭窄、缺乏明确层级;

(3)交通空间:交通混杂,机动车交通与自行车、步行相互干扰;

(4)接驳换乘:公共交通站点与慢行系统衔接不畅、换乘距离过远;

（5）慢行品质：人行道、自行车道改造滞后，慢行安全性降低、引发人居环境恶化；

（6）停车设施：空间紧缺、配建不足导致停车设施缺乏，街区吸引力降低。

前文分析已充分说明，传统商业中心区以提高道路承载力为主要途径承担到发机动化交通需求的方式，并不能解决街区的实际发展和交通问题。传统商业中心区道路交通的改善首要考虑的应是保持历史风貌特色、交通运行有序和交通环境提升。对应上述道路交通问题，改善和提升策略重点在于：

（1）在整体历史风貌特色不破坏的前提下（包括道路肌理、风貌建筑、历史街巷）进行交通网络的总体改善；

（2）合理分流过境交通、重新整理内部道路构建层次化的路网体系、实行公交优先、慢行优先是该区域路网布局和交通组织的核心问题；

（3）将工程技术性的交通设计与街道空间设计进行整合，提高慢行和驻足空间的环境质量；

（4）交通改善措施必须考虑本地商户和居民的意愿和可接受度。

二、基本原则

（一）风貌优先原则

传统商业中心区的交通改善首要原则是历史风貌保护优先。新建、改建、扩建、整治等一系列措施都须在不得突破建筑保护、肌理保护和空间保护的控制下进行。

（二）可实施性原则

传统商业中心区所采取的交通改善措施关键不在于先进性，而在于本地性，切实可行和有用。改善措施的可实施性主要体现在技术成熟、易于操作、资金投入少、具备可持续性更改的可能。

（三）可接受性原则

传统商业中心区的交通方式多样，街区内涉及的人群多元且复杂，交通措施的实施对其商业活力会产生较大影响。因此,采取不同交通改善措施时须充分考虑在地商户、居民等不同群体的可接受程度,例如区域性限行、支路停车、设置公交专用车道、禁止非机动车等。

(四)补偿性原则

在传统商业中心区进行交通改善,实际上是对有限的交通资源再分配和利益再调整的过程。在科学分析决策下决定采取的交通策略和措施,都应考虑其可能会产生的副作用,而进行一定的补偿性策略考量。例如,在传统商业中心区中的商业核心区域采取纯步行,因此对自行车、电动车(外卖等)交通产生的负面影响应考虑一定的补偿性措施。补偿性原则同样适用于城市交通与其他公共领域的矛盾,如打通道路对区域路网的完整性、地区通达性、慢行空间的拓展都具有积极作用,但需占用一定比例的绿化用地,需考虑在尽量少占用的基础上进行同等绿地面积的补偿,以平衡这一地区交通和环境的矛盾点。

三、策略一:合理分流过境交通

根据城市干道网络结构、过境交通流量和传统商业街区的关系进行分类,过境交通和传统商业中心区的关系可分为三种类型:一是街区是干道网络的瓶颈,过境交通量较小;二是干道穿越街区,交通压力集中;三是街区过境交通问题不突出,但存在内外路网衔接瓶颈。

(一)街区是干道网络的瓶颈,过境交通量较小

这类传统商业街区通常存在内部道路狭窄、路网层次不明的问题,街区周边城市干道与街区内部的历史风貌和建筑保护存在一定的矛盾,使得街区成为区域性干道网络的瓶颈,如上海南京路、北京大栅栏和广州上下九—第十甫街区。这类街区都位于城市干线道路网络衔接的核心区域,而其自身内部路网体系密集且狭窄,对外部的过境交通形成了一定屏蔽,这类街区的直接过境交通量常集中在区域内部限行顺畅、通行条件较好的路段上,造成"东西不畅、南北不通"的交通现状。解决此类街区的过境交通问题核心在于疏通区域性过境交通和内部必要的小汽车出入问题。

(二) 干道穿越街区,交通压力集中

这类传统商业街区在发展过程中就依主要交通干道而生,并随之延伸发展,主要存在历史风貌被破坏和交通压力集中两大主要矛盾。历史风貌的影响主要体现在交通性干道的改造和拓宽需拆除部分传统风貌建筑,同时也会割裂历史街区各组团间原有的有机联系。交通压力集中方面,由于此类街区内部路网密度不高,又存在路网不成体系的问题,造成穿越性交通干道缺乏分流通道,而改造建设又缺乏余地,如天津和平路、滨江道区域。解决此类街区的过境交通问题核心在于完善周边干线网络,梳理过境干道,尽量形成一定的屏蔽性交通保护,缓解过境交通压力。

(三) 过境交通问题不突出,存在内外路网衔接瓶颈

传统商业街区规模过大(重庆解放碑)或规模过小(成都宽窄巷子),其过境交通问题并不突出。规模过大自身内部可形成条件较好的宁静化交通分区,而规模过小则不存在较大的交通干扰问题,所以这两类街区的过境问题并不突出,但其内部路网或由于形态或由于功能,常与外部干线路网的衔接存在瓶颈问题。

(四) 过境交通分流模式

过境交通分流常采用的解决方式包括完善周边干线道路、交通保护环、地下过境通道和内部道路网络形成屏蔽等(图4-3),根据不同的过境交通问题,有其相适应的条件(表4-1)。

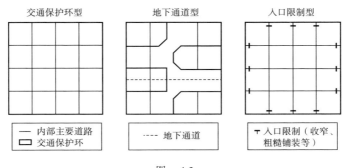

图 4-3

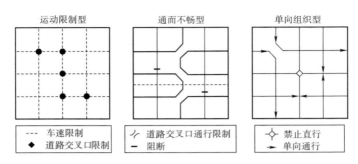

图 4-3 过境交通分流解决方案

传统商业中心区过境交通分流方案及其适用条件　　　表 4-1

方案	适用条件		传统商业街区类型
	外部	内部	
交通保护	外围干道路网体系完善、状况良好,保护范围适中	过境交通干扰较大,占用过多街区内部的路网承载力	规模适中,除商业功能外,承担较多城市中心功能(行政、金融、文教等)
地下通道	区域性干线交通联系不便,缺乏其他外部联系通道	缺乏内部道路改造空间及可能性	处于区域性交通瓶颈位置,并具有合适的地下通道开口条件
入口限制	不具备交通保护成环形条件或作用并不显著	到发交通需求量一般	规模较小,周边区域以居住功能为主,具备较多的对外衔接通道
运动限制	不具备交通保护成环形条件或并不需要形成	过境交通的污染和噪声干扰较大	过境交通的污染和噪声干扰较大
通而不畅	不具备交通保护成环形条件或并不需要形成	已形成较密集的路网体系	规模较小,周边区域以居住功能为主
单向组织	不具备交通保护成环形条件或作用并不显著	有一定到发交通需求量,机非交通相互干扰较大	自身路网密度较高的街区

四、策略二:层次化内部道路网

传统商业中心区内的道路多以次干路和支路为骨架和主要构成,根据前文对调研案例的分析,多数传统商业街区的支路比例在 60% 以上。现行的道路分级标准是为最大化发挥机动化效率而设置的,属于机动化时期的产物,并不适用于街巷、胡同这类低等级道路。目前现行的《城市综合交通体系规划标准》

(GB/T 51328—2018)与《城市道路工程设计规范》(CJJ 37—2012)中,都分别明确了"人车分离、机非分离"的具体要求,并将城市道路分为快速路、主干路、次干路与支路4类。其中,对于城市支路规定其红线宽度为14~20m,机动车条数为2~4条,设计速度在20~40km/h之间,最小机动车道宽度为3.25~3.75m。传统商业中心区内的街巷、胡同显然无法达到规范中"人车分离、机非分离"和道路宽度的相关要求,因此,也未被纳入现行的城市道路体系内。《城市居住区规划设计标准》(GB 50180—2018)规定"主要附属道路至少应有两个车行出入口连接城市道路,其路面宽度不应小于4.0m;其他附属道路的路面宽度不宜小于2.5m",同时规定"道路断面形式应满足适宜步行及自行车骑行的要求,人行道宽度不应小于2.5m"。传统商业中心区内的街巷、胡同按宽度标准衡量大致属于居住区内部道路水平,但其分类和实际功能并不纳入居住区内部道路管理。因此,传统商业中心区内的道路分级和管理面临以下问题:

(1)以道路宽度为主要衡量标准确定道路等级,难以体现道路在街区路网中的实际作用;

(2)缺少支路及以下道路功能的细分,对街区内现实存在的大量街坊路、巷弄、胡同等较少涉及;

(3)按现行的道路相关技术标准难以体现街区内部机非分流的规划观念;

(4)交通组织方式对道路功能的反馈作用目前无法体现。

根据传统商业中心区的街巷宽度和实际功能,可划分为交通集散型、交通到达型、生活型、休闲观光型等。根据相关文献梳理和实际调研分析,宽度大于7m的街巷可规划组织公共交通或一定量的过境交通,形成传统商业街区与外围的联系通道。传统商业中心区内街巷的交通功能见表4-2。

传统商业中心区内街巷的交通功能 表4-2

街巷类型	特点	宽度(m)	交通组织
交通集散型	与周边城市道路连通性较好,已承担了一定的街区服务集散的交通功能	>7	允许小汽车通行,考虑微型公交、微型观光车等线路的设置和通行
交通到达型	为街区内本地居民进出服务,交通量一般较小	1~7	根据街区整体的交通组织确定道路使用功能,可按人行、非机动车、机动车等具体方式进行组合

续上表

街巷类型	特点	宽度(m)	交通组织
生活型	街巷两侧分布一定规模为本地区服务的便民型小型商业设施	4~5	通常限制机动车进入，或单向交通组织，以步行为主，非机动车辆可通行
休闲观光型	具有明显的观光旅游特征，以步行街为主要形态的商业街巷	4~5	街区内部实行机动车限行，外围设置机动车停车场，需考虑旅游观光车辆的停靠

传统商业中心区的街巷从初始形成到后续演变，其主要的交通方式都是步行、马车或人力车，而现今的交通功能较为混杂。根据前文对国外传统商业街区所采取的交通组织方案可知，单向微循环、机非分离和安宁化是主要使用的三类手法：第一类是单向微循环，主要针对机动车，一方面可疏解干道交通压力，提高交通运行效率，另一方面可提高机动交通的可达性；第二类是机非分离，一方面可在街区内部形成连续的慢行网络，提高慢行环境的安全性和舒适性，另一方面可减轻城市干道的交通压力，消除机非干扰和冲突；第三类是安宁化，它是以维护街区内和谐、悠闲的环境氛围和宜人的交往空间为主要目的，消除机动车对街区氛围的破坏，保障行人安全，对街道采取适当的措施以控制机动化通行。这三种方式都需要街区具备足够大的路网密度和较小的道路间距，在狭窄、密集的街巷道路上都具备一定的实施条件。因此，需在尊重历史风貌、街巷肌理、保留街巷宽度的前提下，依据当下城市发展的交通需求，对街巷的交通功能予以正视并重新定位，进行交通系统组织规划，对不同宽度和功能的街巷分类，进行不同交通方式的设计和组合，对街巷路网体系重新整合和充分利用。

考虑公交优先导向的道路空间分配，根据机动车、非机动车、步行道的布设空间要求，针对传统商业中心区进行道路分级和功能配置[城市道路功能等级划分依据《城市综合交通体系规划标准》(GB/T 51328—2018)]，具体建议见表4-3(快速路不在考虑范围之内，主要考虑传统商业街区占比较大的支路和街巷)。

传统商业中心区道路分级配置建议　　　　表4-3

道路类别	主干路	次干路	支路		街巷		
			Ⅰ	Ⅱ	Ⅰ	Ⅱ	Ⅲ
道路红线宽度(m)	—	—	14~20	7~14	7~12	4~7	<4

续上表

道路类别	主干路	次干路	支路		街巷		
			I	II	I	II	III
公交线路布设	公交干线	公交干线和支线	公交支线、特色公交线	特色公交线	特色公交线		—
公交专用车道	按实际情况考虑是否布设	按实际情况考虑是否布设	公交专用车道	—	—		—
公交站点形式	港湾式	港湾式	直接式	直接式/小型港湾式	直接式/小型港湾式		—
自行车道形式	机非分离	机非分离	机非分离	分离或专用	机非分离	分离或专用	专用
路边停车限制	禁停	禁停	根据实际情况考虑包天短时停车和夜间停车		根据实际情况考虑包天短时停车和夜间停车		
速度限制（km/h）	30~50	30~40	20~30	<20	<15		<10
接入管理	严格控制	控制	可接入		可接入		

五、策略三：完善公共交通系统

在历史城区和历史街区实行公交优先尤为重要，相较一般城市地区，历史街区所能够提供的道路空间更少，需要通过改善出行结构来控制交通需求。改善出行结构一方面可以通过优化土地利用、职住一体等手段降低远距离交通的发生率，从而提高步行和非机动车出行比例；另一方面，在远距离交通量一定的情况下，可通过完善公共交通、提高公交出行比例降低对道路的需求。对于历史街区而言，显然后者更为适用、更易实施。

历史城区和历史街区普遍存在居民收入偏低和人口老龄化的问题，个人拥有和驾驶机动车的能力较差，公交优先可以保障这部分居民和城市其他地区居民公平享有机动出行的机会。其次，历史街区街巷狭窄，不具备容纳大量汽车行驶和停车需求的条件，机动性较差，从而导致现代文化休闲产业难以导入，街区内有经济能力的居民迁出。公共交通系统可以弥补历史街区机动性不足的缺点，增加街区活力、缓解居民迁出趋势。最后，公交优先可提高公交出行比例而降低汽车出行比例,在提高机动性的同时节约空间资源,从而从根本上缓解因扩充道路系统拓宽历史街巷、破坏建筑的威胁。

公共交通虽具有以上诸多优点,但对于历史街区某种程度上也属于过境交通,且公交车的尺寸要远大于一般车辆,所以除支路以上道路较多的大型历史街区外,一般公共交通尤其是公交车不宜进入街区内部,而只能在外围道路上穿行、设置公交站点。因此,最适宜以"公交+步行"的方式满足街区内的出行需求。

公共交通线路和站点布局方面,在超大城市规划快速公交线路和地铁线路时,应尽量靠近历史街区并在其外围地块设置至少1处站点。若历史街区自身范围较大,为提高街区内的公交可达性,可设穿越街区内部的小型公交车专线,以满足居民日常生活需要和方便旅游观光。如有足够街道空间可供建设公交站台,其色彩造型应与历史环境相协调,如没有足够空间建设站台,应设置简单的站牌式站台或采用现有沿街传统建筑室内作为候车空间,尽量少占或不占街道空间。

六、策略四:优先保障慢行空间

空间资源的强约束是超大城市传统商业中心区交通改善与发展的首要制约因素,从交通方式空间占用效率角度分析,慢行交通仅次于轨道和常规公交等公共交通方式,应在交通空间分配和路权上予以优先和保护。传统商业中心区的路网格局形成于机动化交通普及前,其路网形态、道路断面、线形设计等都更适宜慢行交通,保障慢行交通也是历史风貌保护的要求。此外,充分保障街区内的慢行交通是维持商业街区活力的重要途径。具体措施如下。

(一)确立慢行交通的优先地位

据经验统计,城市交通中,机动化尤其是个体机动化交通所占比例通常为20%~30%,低于步行和非机动车出行的慢行交通之和。但在交通策略的制定和规划的编制中,常将其作为重要的关注点甚至出发点。在政府对城市的管理和问题决策中,道路拥堵问题备受关注,但慢行出行环境的恶化和退化却较少受到关注。在实际的交通组织中,路权分配显著偏向机动化交通。不少城市解决机动车交通的常见措施之一就是压缩非机动车道用以拓宽机动车道。

慢行交通具有低速、灵活和空间占用少等特点，无须大规模的空间改造就可实现街区内外的有效连通，增强街区内部的渗透性，对既有空间环境品质影响小，与传统商业中心区的交通改善和未来发展诉求相契合。应将慢行交通作为提升传统商业中心区整体活力的地位来考虑，步行系统以提高舒适性和可停留性为目标，同时合理控制公共交通站点接驳的步行距离，是有效实现街区内机非分流的载体，同时还需加强自行车与公共交通的衔接，发挥自行车短距离出行和公共交通接驳的功能。

(二)合理划分交通空间和确定容量

慢行交通的基础设施保障通常指路段上的通道连通和空间的保障，需要在道路横断面设计上予以考虑。但传统商业中心区的道路断面普遍较窄，多为一块板形式，各类车道缺乏压缩和调整的空间。在此情况下，首先考虑基于交通运行组织的快慢交通分流，具体分为空间和时间分流两类措施：空间分流主要包括道路断面内分流和道路分流；时间分流主要针对机动车、非机动车交通高峰流量错时、限流或混合交通措施。由于传统商业中心区的道路资源有限，除商业步行街主街外，街区内部主要采取机非混行、无固体隔离的形式，上下班高峰期，非机动车辆常涌入机动车道，严重干扰机动车的快速通行，非机动车和行人的安全性更无法保障。对于传统商业中心区，机非分流对策更多构建和施行在支路体系下，基本措施包括：断面分流，即通过道路断面的绿化、隔离柱、划线等划分机动和非机动车道；通道分离，即机动车和非机动车的通道完全分离，采用各自专用通道；单向分离，指机动车单向交通，部分分流机动车和非机动车，非机动车单向通行绕行过远较少采用；限时分流，指通过特定时间限制机动车或非机动车通行，进行机非分流。具体分流措施要综合考虑传统商业街区实际的路网特征和交通流特征。以前文国内分析对象为例，较多应综合考虑单向交通和通道分离措施的应用。

1. 支路体系为主的单向交通

传统商业中心区的单向交通分流模式主要针对街区中的骨干道路或集散通道，机动车和非机动车流量中等或一方较大的情况。单向组织模式前，应对街区内的支路和街巷进行梳理，提取服务于街区的支路网(图4-4)。单向交通组织模式主要可分为三类:大范围、长距离的区域性单向交通模式;以街区内部支路单行为主的模式;干路和支路单行相结合的模式。具体适宜情况和关键点见表4-4、表4-5。

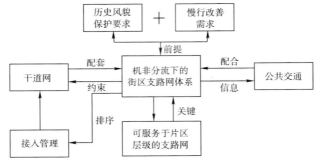

图 4-4 传统商业中心区内支路和街巷梳理思路

传统商业中心区适用的主要交通单向交通组织模式 表4-4

单向交通组织模式	适用条件	优点
大范围、长距离的区域性单向交通模式	道路网络规整方格网状、路网密度高	有利于减少绕行并易于识别
以街区内部支路单行为主的模式	道路网络不规整,多为自由形态布局,街区内部支路系统发达且连通性较好	着重解决内部微循环交通组织,改善交通秩序、提高效率、扩大慢行空间,并可为路边停车创造一定条件
干路和支路单行相结合的模式	干路系统较为发达,路网布局相对规整,具有较高密度的支路系统	兼具以上两种模式的优点,适用性强

传统商业中心区施行单向交通组织需解决的关键点 表4-5

需解决的关键问题	要点
单向交通配对的道路间距阈值	考虑对公共交通线路和站点的影响,以步行可接受距离为间距阈值(最适300m)
多组单向交通配对关系协调	考虑车辆行驶习惯和法规,以顺时针组织单向交通为主; 多组单向交通相较于畸形道路交叉口时,以道路交叉口合理的机动车流线组织为前提; 不规则路网下实行多组单向交通组织后,须合理设置交通引导标志; 单向交通联系间距以可接受的步行距离为间距阈值(最适300m)
单向交通的衔接道路	宜选择等级较低的支路和街巷的利用,不宜穿越有私密要求的社区空间
考虑单向交通组织对公交的影响	尽可能保留原有公交线路; 单行交通组织实施后,尽可能考虑港湾式公交站点设置; 适当考虑路段和道路交叉口的公交优先,将实施单向交通组织后的效益向公交倾斜

2. 通道分离

通道分离措施主要针对商业街区中的重要骨干道路,在机非混行矛盾突出,或需设置公交专用车道的情形下,平行骨干道路相邻并较近,且道路宽度存在一定差距,可考虑将机动车和非机动车的通道进行分离。通道分离措施实质上是降低了非机动车道的连通性,因此,在采取此措施前需谨慎考虑,考虑以下关键问题:实行机非分离措施的必要性;支路作为非机动车道的可行性;机非分离后原有路段机动车和非机动车刚性需求的解决;作为交通转换的机动车停放空间设置(表4-6)。

传统商业中心区交通分离措施实施前需考虑的关键问题 表4-6

关键问题	要点
实行机非分离措施的必要性	价值判断,街区内非机动车通行权的保障,非机动车让行于公交和步行,但让行于小汽车需谨慎; 效益评价,机非通道分离后的通行效率是否切实提高非机动车绕行的阈值设置(包括距离和时间)
支路作为非机动车道的可行性	支路和街巷的利用,非机动车道宜选择等级较低的支路或较宽的巷弄
机非分离后原有路段机动车和非机动车刚性需求的解决	街区机动车、非机动车出入口的调整; 部分路段的限时通行
作为交通转换的机动车停放空间设置	特定通道非机动车禁行后,沿线非机动车停放空间的设置; 非机动车停放位置与公共交通站点的结合设置

除以上单向交通组织和通道分离措施外,还可考虑学习国外经验中的安宁化措施,并根据实际情况进行概念扩展和改良。根据前文分析,国外中心城区的商业街区(巴黎内城、佛罗伦萨古城)都划定了限速区域,限制机动车通行速度在30km/h以下,提升慢行交通路权与机动车具有同等的路权。这一措施称为"交通安宁化",如今已成为国外发达国家用于调节交通结构、促进绿色出行的重要交通规划工具。对于这项交通工具的运用,应该强调城市较高等级道路强化其通过性的作用,提高通行效率,以保持机动交通总体效率基本不改变。我国目前普遍使用的"慢行交通"通常代指步行和非机动车交通,可适当进一步将其扩展为"安宁化下的低速交通",应突出不以速度为先,更侧重关注城市发展与交通系统相互促进、协调发展的理念,根据实际情况划定特定区域,通过对机动车和非机动车的有效、合理控制,确保传统商业街区的开放性和可达性,努力提升街区品质。

七、策略五：修补地下交通网络

传统商业中心区的空间肌理与城市现代化路网规划和改造之间存在天然的矛盾，地下交通可视为解决这一矛盾的有效方式。但我国目前关于地下空间开发建设存在法律法规不完善，没有明确法律地位；缺乏历史文化街区的地下空间保护制度；历史街区的地下空间利用功能单一；历史街区地下交通组织与城市交通缺少关联等问题。以成都宽窄巷子为例，其位于成都市中心，周围交通便利，街区四周连接城市主次干道、公交站点、轨道交通车站出入口及出租汽车停靠点，距离宽窄巷子街区范围均在5min步行距离内，地面交通便捷。但在该历史文化街区内部，有三处地下空间建设，其用途均为地下停车场，仅一处为可提供对外服务，缓解宽窄巷子的停车问题，其余两处为自用。这三处停车场内部并无联系通道，也未与外围地下空间形成联系，建设初期并未从全面、整体的角度进行地下空间交通系统设计，或对未来更新造成一定的影响和阻碍。

考虑对传统商业中心区的地下空间进行整合、规划和利用，建设人行活动通道、行车道和地下车库联络道等构建地下便捷顺畅的联络动脉，对于缓解地面交通拥堵、提供立体复合的公共空间具有现实意义。

（一）明晰地下空间功能构成要素及布局原则

地下空间功能构成要素可分为：①地下交通设施，包括轨道交通、地下道路、人行过街通道、地下停车场、地下铁路及它们的交通车站和换乘大厅等，主要是为解决城市交通问题而设置的配套设施；②地下商业设施，包括地下商场、商业街等，是地面商业的补充，其发展模式分为两类，一类与地上商业建筑是一体建设，另一类是因地下交通设施的建设而带来人流，通过步行通道、轨道站点相互紧密联系；③地下公共服务设施，包括地下展览馆、影剧院、图书馆、公共集会大厅等，相较于地下商业设施，这类公共服务设施通常由于地面空间严重紧缺或建筑受限才将功能置于地下，公共服务设施需要与地下交通系统联系维持活力；④地下人防设施，包括人员掩蔽工程、指挥通信工程、专业队工程、配套保障工程等，部分人防设施可根据实际情况在平日转为商业或便民设施使用；⑤地下市政工程，包括地下综合管廊、垃圾回收处理管道、地下污水处理厂、变电站等；⑥其他功能要素，主要为地下生产和存储设施，如地下工厂、地下储油储水厂等。

地下空间各个功能要素主要呈现竖向分层式布局形态，其分布主要与要素的实际开放程度和使用频率相关，越接近地面层其区位使用价值越高，越适合城市公共设施和空间的开发。各功能要素竖向布局如图4-5、表4-7所示。以下重点讨论与城市交通直接相关联的要素功能与设施布局，就空间使用对象分类可分为服务于车辆的地下环路体系和服务于人行的地下步行系统。

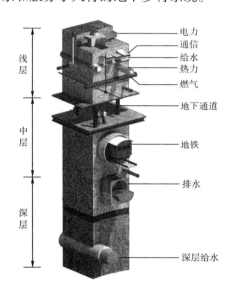

图4-5 地下空间分层示意图
注：《城市地下市政共用设施规划与设计》。

各功能要素竖向布局（仅考虑与交通相关联的要素） 表4-7

功能类别	设施分类	竖向布局		
		深度	层数	主要考量因素
交通功能	铁路	地下0~10m	地下1~2层	地形和整体交通流线规划
	公交、长途汽车、出租汽车站场	地下0~10m	地下1~2层	减少施工难度，并与其他交通方式联系紧密，人车分流
	停车场	地下0~15m	地下1~3层	地下设有商业时，常设置于地下商业下方，通常不宜设置过深

续上表

功能类别	设施分类	竖向布局		
		深度	层数	主要考量因素
交通功能	地铁	地下0~30m	地下1~2层	地形,周边城市建筑空间对其影响较大
	人行步道	依衔接空间深度、层数而定		方便交通疏散与换乘
	换乘大厅	地下0~15m	地下1~3层,可跨层布置	尽量整合多种交通方式,无缝衔接,方便疏散
	地下道路	地下0~15m	地下1~2层	方便与建筑物地下出入口、停车场衔接
生活功能	公共服务设施	地下0~10m	地下1层	考虑与换乘大厅、步道、广场相结合设置
	地下商场	地下0~15m	地下1~3层	考虑与地铁和换乘大厅衔接
	地下商业街	地下0~8m	地下1~2层	考虑与地面的衔接,方便疏散

(二)地下环路建设

城市地下环路作为解决城市中心区尤其是超大城市高密度中心区域交通问题的重要地下设施,是服务于城市中心区域车辆到发的地下专用道,可将中心区域各地下车库串联起来,一方面作为地下车库联络道使用,集散车辆的到发;另一方面可起到分流地面交通、缓解地面交通压力的作用。地下环路上接城市干道系统、下接地下车库,是连接快慢交通、解决城市中心区交通问题的重要设施。除交通改善功能外,在市政、枢纽、商业、人防等方面都发挥着其独特效用(图4-6)。

地下环路的建设可突破传统街区地上空间的限制,有效增加街区内的路网容量,并对进出地下停车场的车辆进行分流,且整个环路系统自成体系抗干扰能力强,不易受到外界环境的影响,通行过程中可独立存在,无须等待交通信号灯。地下环路既可在充分保障车辆通行连续性的同时改善地面交通,又可作为整合地下各项交通设施和空间资源的连接工具使用。

除此之外,地下环路还可与市政综合管廊等项目共同规划设计、施工建设,有效提高地下空间资源的利用率。地下环路的顶部空间可分担部分市政功能,从而避免单独建立综合管廊对地下空间的侵占。除综合管廊外,地下环路建设所产生

第四章 发展策略与具体措施

的夹空层也可为地下仓储、地下物流廊道等提供空间。

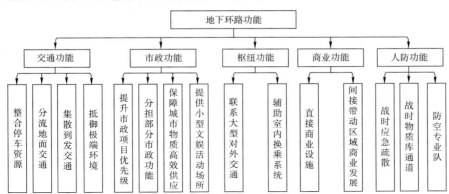

图 4-6 地下环路的功能

在城市交通枢纽区域设置地下环路,可起到联系对外交通、辅助市内换乘的作用。地下环路的建设还可促进区域商业:一方面,与地下车库相结合,可发展停车、洗车等附属服务;另一方面,地下环路通过共享停车资源、串联地下空间,可平衡片区商业发展,实现不同区域间客流的调剂。同时,地下环路在战时将承担一定的人防功能,方便物资转移,发挥防空专业队功能。

地下环路具有主线成环、车辆行驶速度较低、出入口密集等特点。目前地下环路的出入口数量及最小间距等设计指标的取值标准尚未明确,缺少完善可靠的设计依据。须基于现有工程案例的统计分析,总结归纳城市中心地区地下环路的功能定位,为主线规划布局提供参考;采用合理的数理统计方法,分析地下环路内外出入口的储量、最小间距、位置布局等参数,协调地下环路内出入口数量、布局与外出入口、地块间的关系。

(三)地下步行系统

受社会经济发展水平的影响,不同城市对于地下空间的利用不尽相同,除去城市新区,城市中心区的地下空间开发往往具有较强的阶段性,不可能做到统一规划开发利用,易造成城市中心区地下空间各自为政、功能单一,地下步行交通系统呈现破碎化现象、不成系统等问题。此外,不同地下空间的业主和使用功能不同,对地下空间和步行系统的整合造成较大阻碍。近年来,轨道交通的快速发展将大量人流引入地下空间,为地下空间和步行系统的整合带来契机。城市中心区地下步行系统的整合按照城市功能定位和现实亟待解决的关键问题进行划分,可分为以城市交通功能为主的整合模式、以城市商业功能为主的整合模式。

1. 以城市交通功能为主

城市轨道交通的建设往往会成为该地区的发展源,对区域和城市的发展将产生深远的影响。国内外相关实践经验表明,以城市交通功能为主的交通枢纽区域空间内,需协调好各类交通方式间的组织,做好交通的衔接和换乘,并通过步行交通系统向区域外围进行延伸,交通一体化的整合可进一步促进地区周边的交通网络化发展。以交通功能为主的地下步行系统设计,关键在于无缝衔接各类交通方式,包括换乘大厅、换乘通道的布局及连接对象的选择(图4-7),具体交通流线如图4-8所示。

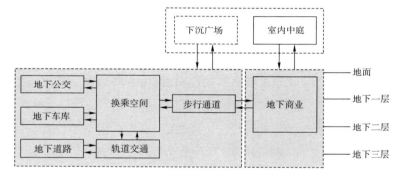

图4-7 以交通为主的功能要素布局示意图

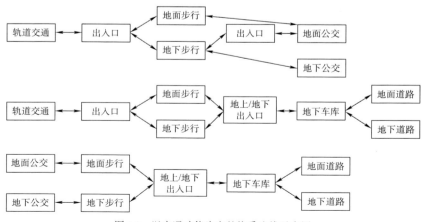

图4-8 以交通功能为主的换乘流线示意图

以交通功能为主的步行交通流线整合,通常是以轨道交通为核心与公交或小汽车流线进行衔接转换。整合的最终目的是让换乘流线更简洁、效率更高,在步行流线设计中,尽量简洁布局衔接,更注重通过垂直交通到达同层后的横向水平方向的衔接。根据实际调研结果,换乘流线过于曲折、缺少有效的换乘疏散空间(如大厅、中庭、下沉广场等)是普遍存在的问题。提高对不同类型流线进行聚集和分散的能力,既要提高步行流线的运行效率又要避免不同流线的混杂。此外,尽量通过将轨道交通步行通道与地下过街通道连通,解决步行流线过于曲折的问题,提升轨道交通和公交的换乘效率。

2. 以城市商业功能为主

目前城市中心区的地下空间除交通功能外,商业功能占比最高。在诸多实践案例中,商业功能也是推动城市中心区进行地下空间开发的重要诱因。城市中心区因空间资源的稀缺和区位优势,往往倾向于开发收益更高的商业功能,这一规律在其地下空间开发中同样适用,常以商场、超市等形式为主。人流量是商业功能是否可持续的重要保障,随地下商业空间的不断发展,为更好地利用轨道交通所带来的大量人流,开始与轨道站点进行不同程度的连通整合,并随连通范围的不断扩展逐渐形成网络。以前文国外经验借鉴中提及的日本名古屋市"荣"地区的地下空间开发为例,它是典型的地下商业步行街与轨道交通换乘大厅结合的优秀案例。因轨道交通1号线和2号线在该片区汇聚,围绕此轨道交通换乘站在地下开发建设了地下街和中央公园地下街,两条地下街通过轨道交通车站相连,换乘大厅处于两条地下街交叉处,保证了较为合适的步行距离,也成功将大量轨道交通人流引入地下步行街内,由于轨道交通车站与地下街的吸引,减少了人流的地面步行通行量(图4-9)。

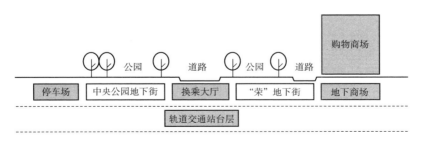

图4-9 "荣"地区地下街功能布局示意图

地下步行系统与各个功能单元相联系，采用多条步行路径有组织地连接，形成群体连接系统，其组织形成按连接布局可分为三种模式：分散式、树状式和网络式（图4-10）。

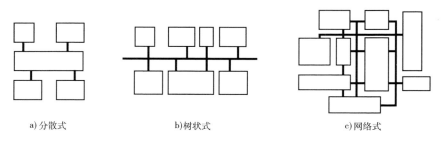

a) 分散式　　　　　　b) 树状式　　　　　　c) 网络式

图4-10　地下步行网络连接模式示意图

分散式，地下步行通道通过站厅分别与多个独立的商业、地下停车场、出入口等要素相连，其布局结构相对简单，占地面积较小。因其连通的范围有限，分散式适用于面积较小的站厅、地下商业较少的区域级商圈。分散式通常为地下步行系统的早期布局形式，随城市、区域的发展，其形式可能随站厅和商业的扩展发生演变。分散式可由多个等级相同的商业单元进行串联，也可以一个交通站点或较大级别较高的商业单元为中心向周边的功能单元进行连接（图4-11）。

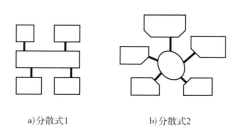

a) 分散式1　　　　　　b) 分散式2

图4-11　分散式连接形式

树状式，通常以轨道交通车站站厅为交通主骨架，为了能够连接更多的场地建筑，会延长站厅空间，通过站点出入口、通道等与站域范围内的功能单元连接。树状式常应用于枢纽型站点与商业密集区重合处。当站点位于道路交叉口附近时，树状式的"一字形"站厅可能会演变为"T字形"或"十字形"（图4-12）。在此类连接形式中，需重点处理"主轴"与"分支"间的转换节点，当转换节点过多时，人群易产生迷失感,往返寻路造成通道阻滞。

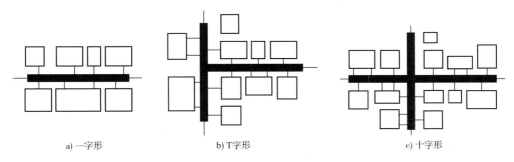

a) 一字形　　　　　　b) T字形　　　　　　c) 十字形

图 4-12　树状式连接形式

网络式,常用于较高级别的交通枢纽和商业区域,通常由一个或多个站厅与多个功能单元相连,这些空间又继续与其他空间相连,形成纵横交错的步行网络。在此模式中,站域内的商业、办公、停车等多种功能彼此连接、结构复杂,使用者有更多的步行路线选择,典型实践案例如日本大阪梅田枢纽站地下步行系统、加拿大蒙特利尔地下步行系统等。网络式布局可将场所内的各类建筑单元高效联系,但也存在一定的制约因素,由于地下步行系统纵横联系复杂,应急消防疏散要求高,需设置较多出入口,若空间组织引导不力,将加剧使用者寻路困难。因此,在地下步行系统规划中,需注重整体网络的导引标识设计、节点空间的处理,利用色彩、空间尺度等手段帮助使用者定位,从而提高空间体验。

八、策略六:适度构建连廊体系

互联网网购平台的不断发展与渗透,对实体商业造成了极大的冲击,具体表现在:影响和改变了消费者的购物习惯,消费者足不出户即可挑选各类商品,并可全平台比价,使得大批消费者通过网络途径购买商品已经成为一种习惯;电商的冲击使得实体商业的顾客大幅减少,而实体商业在人工、房租等方面的成本均高于电商,难以以价格优势拉回消费者。实体商业也具有自身独特的优势是电商难以取代的,即提供购物体验感,消费者在实体店消费的过程中能够获得更加真实和高效的购买体验,当需要购买金额较高或功能较复杂的产品时,往往会在实体店中充分了解产品信息并确认价格后再作出购买决策。由此,传统消费已向体验式消费转变,而传统商业中心区街区式的基础格局、深厚的文化底蕴和可渗透的公共空间成为体验式消费模式的最佳载体。传统的消费模式以有形的物质商品为消费内容,消费目的性强,对消费环境要求低,强调消费的实用性需求;而体验式消费模式是一种以商业服务和体验为主、购物为辅的商业模式,在于对消费体验的关注,通过营造特定情境或制造感官体验诱导人们加入其中,从而达到无意识中的时间消费。在如今的消费升级背景下,促使城市空间也成为消费体验的商品(图4-13)。体验式消费强调人的参与和互动,街道型空间在其中扮演着至关重要的角色,不仅要为消费活动提供了完整、流畅的流线导向,同时自身也要能够形成活跃、共享的商业景观。

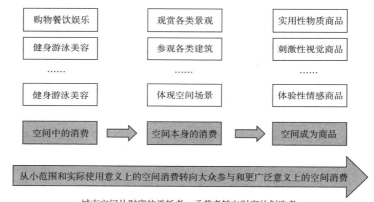

图4-13　传统消费向体验式消费的转变

街区式商业中心对"廊"这一空间具有天然的特殊需求性,主要表现在商业活动、建筑形体、环境改善和人的活动等多个方面,具体可归纳为以下几点。

（一）人的活动需求:将商业界面向立体延伸,使活动不再局限于地面

传统的街坊集市,人的室外活动只能局限在地面,随着建筑技术的进步,建筑单体趋向于向空中谋取空间,但室外街道上人的活动还是集中在地面,这样就使得增加的商业界面得不到有效利用。集中式的现代商业综合体虽可避免不良自然因素,但一成不变的密闭环境难以提供亲近、开放的交往体验。引入"廊"空间的传统

商业街区,可对这些不足进行较好的弥补,既能使得人的活动不再局限于地面,也可将街区两旁的商业界面向立体进行延伸,保留原有街坊市集中亲近、自然、开放的良好交往氛围(图4-14)。

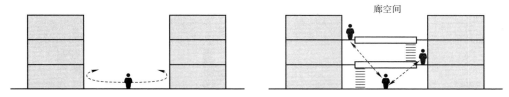

图4-14　廊空间植入后活动空间的改变

(二)建筑空间的需求:将商业建筑连接为簇群,消解隔阂,激发商业活力

"廊"空间可有效消解街区式商业单体的形体状态,使其在重新整合的同时产生较为活跃的关联性空间,产生新的节点空间,并与之建立更为积极的紧密联系,更顺畅地融入城市街道空间体系。"廊"空间以过渡的形式重新定义街区的"内"与"外",甚至可以主角的形式出现在人的消费体验中。传统的廊空间,多的以交通联系的功能性为主,购物过程中的信息交流仅仅存在于商品与消费者之间,而街区式商业综合体的廊空间因其开放的空间状态,可以更多地为人与人之间信息的传递提供交流的场所,为人们提供公共生活的聚集地;可进一步转化为展示空间、小型演艺空间等,形成供人们聚集逗留互动的包容性场所,使街区充满活力;使得原本对内的街区空间与城市接入,在增加活动连续性的同时,衍生出更多样的空间,从而激发更多交往的可能性(图4-15)。

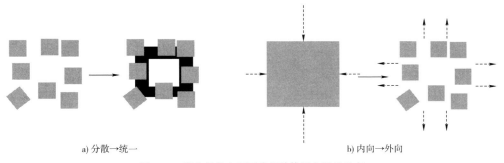

a) 分散→统一　　　　　　　b) 内向→外向

图4-15　廊空间置入街区建筑单体后空间的改变

街区式商业中心中应用的廊空间,较传统建筑单体中的交通性廊空间不同,主要置于商业建筑群体中,与外部环境关联互通,还兼具承载一定商业购物活动的空间,通过人与人的互动建立联系。较常使用的廊空间类型见表4-8。

廊空间的类型 表4-8

类型	特点	平面图示	立面图示
边廊	建筑一侧的室外走廊	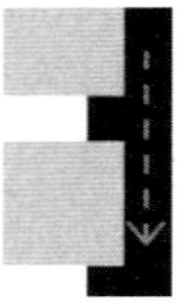	
檐廊	建筑挑檐或挑板下的底层一侧的廊空间	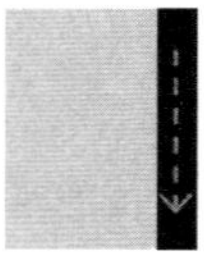	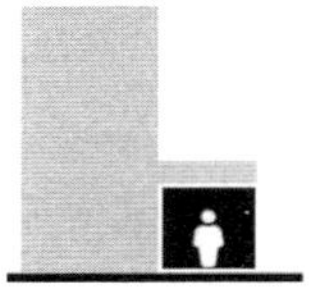
街廊	联系街道两侧商铺,自地面至天空(常主设置玻璃顶)的室外廊空间	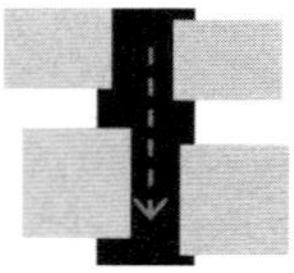	
底层通廊	底层穿越建筑体块的通道,在街区中常作为消防通道或建筑出入口	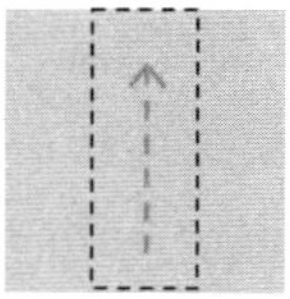	
空中连廊	连接两侧建筑体或边廊的架空连廊	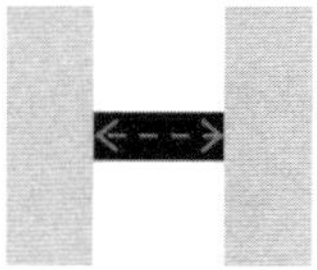	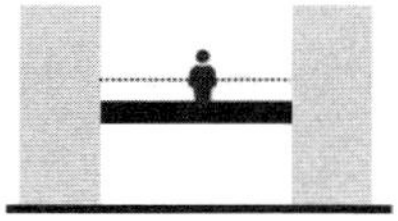
独立廊	由建筑或景观元素围合形成的独立发生作用的廊空间	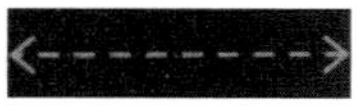	
介质廊	由建筑之外的其他有形或无形物质构成的线性概念空间,如文化廊、光廊、声廊等		

廊空间局部扩展可形成平台或露台，作为建筑的外延空间，可放置休息桌椅、箱式绿化等休憩观赏设施，也可作为商业外摆形成临时创意市集吸引人流，增添商业活力。整个连廊体系将分散的建筑体块串联，垂直交通的植入将地面层的消费者吸引至二层以上，带动地面层以上商业，同时在首层创造出丰富多样的空间，整体形成独特的步行流线和空间体验。

根据前文对成都太古里的分析可知，其采用二层贯通连廊体系将分散的建筑体块连接起来，形成完整的步行流线。二层连廊大部分以露天为主，结合垂直附体设置的流线节点在局部拓宽为约14m的平台；庭院四周环绕的单侧外廊宽4~5m，提供观看欣赏广场人群和活动的舞台；西侧单边连廊与大慈寺外墙形成呼应，宽度设置为6m，结合商业外摆形成休闲交流平台；东侧和南侧结合天桥设置为双侧连廊，宽窄不一，平均宽度为7m，在天桥连接处形成视线通廊和停驻交流的小空间；其他区域的连廊宽度在3m左右，以满足基本的通行需要。整个街区通过二层连廊进行区段界定，将较长的线形空间划分为多段小空间，形成符合人心理感受的交往尺度，增加街道的纵深和层次感。二层连廊与地面空间上下呼应，形成丰富的视觉层次，增加上下层人群互看的机会。悬挑的二层连廊为首层提供遮蔽日晒和风雨的檐廊空间，同时丰富了空间的明暗层次，一定程度上消解了气候对消费行为的限定，为消费者提供了多重行走体验。

由此，廊空间应注重对应不同主次动线进行宽度、长度、高度进行构思和设计，同时结合垂直交通强化节点体验设计。廊空间的宽度可根据其所服务的街区商业功能单元所处的位置和类型进行变化：多数边廊、连廊在4m左右，局部可放大到6~9m作为节点空间；街廊空间需承担街道的双向通行功能，宽度通常在7m以上；檐廊空间通常由建筑主体向外出挑形成，一般在1.5~2.5m之间；底层通廊需穿越建筑体作为进出内街或下一空间层次的入口，宽度通常在6~14m之间。廊空间的长度需根据主动线的长度进行切分，形成步行节奏。根据对实践案例的分析统计，单方向的主动线或单区域的主动线长度宜在300m内；间隔20~30m设置不同体验形式的节点空间更利于行人的良好体验感受，如通过建筑单体的间隙面向街区外部的城市空间进行开敞设计，创造可登高的观赏点，或通过放大路径形成小广场形成街区氛围聚集空间，或通过交通节点的聚与散形成往来和上下人流的交织氛围空间;也可在廊空间的主要节点基础上采用转折、空中连廊和建筑间隙进行错置,或通过休憩设施进行分隔,形成10~15m的体验片段,可营造出步移景异的时空效果。此外,跨街道的连廊空间在6~14m间最适宜形成街道两侧动线人流间的互动关系,过近或过远都不宜形成想要跨越的感受;同时,对次级动线的长度进行一定限制,非主要体验区不宜距离主动线和主节点过远,避免人流分散,不宜营造街区商业氛围。廊空间的高度也应随连接的建筑单体、街区平均高度、主次动线氛围等进行适当调整,通常高宽比在1~1.5间最为稳定,适用于绝大多数廊空间高度;高宽比大于2的空间过于开阔,对人的行走具有催促作用,可结合广场、庭院等大空间进行设置;高宽比小于1的廊空间易形成停滞感,造成压抑不利于驻足停留消费。

九、策略实施的影响因素

对于传统商业中心区而言,无论是地上还是地下空间开发都意味着增加一定的开发量,而开发规模的提高需要考虑整个街区各项设施和环境的承载能力、对外部区域的影响和城市各通道的连接;再者是历史文化街区保护要求的限制,是否存在地下文物埋藏和地上空间视廊管控,划入更新拆除可改造翻新的建筑才考虑其地下空间的利用;最后是考虑实际使用需求,地面具有活力吸引力才能带动地上、地下空间。因此,策略四和五涉及地下、地上空间建设需着重考虑以下影响因素。

（一）法规政策

地下空间建设开发缺少国家层面的立法保障,现行法规效力位阶较低,覆盖范围有限。目前效力能够覆盖全国的只有住房和城乡建设部颁布的《城市地下空间开发利用规定》,属部门规章。最新颁布的民事领域基础性、综合性法律——《中华人民共和国民法典》,在其物权篇中针对城市地下空间问题也只表述为:"建设用地使用权可以在土地的地表、地上或者地下分别设立"。仅上海、福建、浙江、云南等少数省(自治区、直辖市)出台了省级地下空间相关法规,也仅以地方政府规章形式出现,效力位阶均不高。由于法规政策保障缺位,地表和地下空间边界难以划分,地表和地下空间使用权难以厘清,对后续权责利益的行使范围界定存在法律问题。从《中华人民共和国物权法》到《中华人民共和国民法典》都规定建设用地使用权可在土地的地表、地上或地下分别设立,实际意味着土地使用权向空间使用权过渡,与之配套的地籍登记必然要从"二维"向"三维"空间过渡。从目前资料来看,技术层面三维地籍登记已基本成熟,且部分地区已开始试点,但在立法层面尚无此方面的尝试。同时,对于地下空间的一些基本概念认知和界定各相关法规存在较大差别,其中典型的问题在于对地下空间和地下建筑或地下工程不做区分。一些省市的地下空间用地审批和不动产登记办法中将地下空间规定为"地表以下的空间,包括结合地面建筑一并开发建设的结建式地下空间和独立开发建设的单建式地下空间",这一定义存在的问题在于并未将作为稀缺经济资源的地下空间和开发建设后的地下工程或地下建筑进行区分,实际上,地下空间无论开发与否,都是一种经济资源,其所有权属于国家,转移的只能是其使用权;而在地下建设的仓库、综合管廊、轨道交通、停车场是单建还是结建工程是取得了使用权建设开发后的概念,归属于另一层面。基本概念上的差异会造成对法律法规理解和执行的困难,也不利于未来统一立法。此外,地下空间作为一种新型资源,涉及发展改革、自然资源、住房和城乡建设、人防、城管、消防、交管、规划等多部门协调和管理问题,多头管理从实际运行效果来看并不理想。

(二)保护要求

根据前文对各超大城市的传统商业中心区实证分析可知,其或多或少被划入历史文化街区,或存在历史建筑甚至文物,若涉及此则需符合《历史文化名城名镇名村保护条例》和《历史文化名城保护规划标准》(GB/T 50357—2018)的相关规定,即"划定核心保护范围和建设控制地带""在核心保护范围内,不得进行新建、扩建活动。但是,新建、扩建必要的基础设施和公共服务设施除外",建设控制地带范围的新建建筑物、构筑物,应当符合保护规划确定的建设控制要求。相关保护要求对地下尤其是地上建设的形式、材质、高度等进行了约束限制,须谨慎考虑,以消除对历史风貌的消极影响。

(三)建筑产权

传统商业中心区由于其漫长的历史演变,往往会形成较为复杂的产权关系,一条街巷常存在不同产权的院落,一个院落中存在不同产权的房屋,少数房屋还存在不同部分产权不同的现象,即使房屋产权一致,其房屋的实际使用者也存在较多变化,以及祖产多、租户多、产权人缺位、产权人与实际使用人分离等诸多复杂的现实问题。根据前期调查分析,目前传统商业中心区涉及的房屋的产权类型主要分为单位自管公房、房管局直管公房和私人房产三类。地下空间的规划开发须便于政府搬迁或置换,目前较易协商和解决的产权类型以直管公房为主。若开发规模大,则会涉及院落或成栋的私人房产,组织协商成本较大,时间成本较高。

(四)建筑质量

按照《房屋完损等级分类标准》和相关保护规划惯例,通常将建筑质量按结构和配套设施划分为好、中、差三类。传统商业中心区内的房屋建设时间较早,房龄较老,房屋质量一般在中等级。对于地下空间的选址开发、地上廊道的打通连接都存在较大限制和安全制约。目前对于传统商业街区的整治提升,遵循的基本原则为"住用安全、功能齐备、量力而行、远看近似、内外有别";适当采用新材料,保持传统格局和肌理,尽量弱化新建和加建部分。而已实施的地下空间开发常选择在非历史风貌核心保护区、非历史建筑,属于传统建筑但风貌和状况较差的建筑,进行拆除后与新建或仿建一同规划建设。地上连廊系统多见于以成都太古里为代表的具有少量历史建筑而非历史原真性街区的现代体验式商业街区中。

(五)商业活力

无论是地下空间的开发还是地上空间的相连,都应是在维持或提升现有街区商业活力的前提下,疏解交通压力、创造良好环境、增加商业机会空间,而不是牺牲现有地面层商业活力,将人流引入新建的地上或地下空间中。已有国外实践表明(美国辛辛那提、得梅因、明尼阿波利斯和圣保罗调查),即便是在阳光明媚的天气,人们在习惯于连廊提供的不受气候环境影响的便利下,仍较多选择空中连廊路径。受到城市空中连廊磁铁效应的影响,消费者的行为多集中在连廊空间中,影响原有街道零售业。网络化的城市空中连廊吸引了大量人流,造成该区域的城市街道人流量减少,削弱了城市街道活力。地上、地下空间建设开发成本造价高,需考虑成本与效益均衡问题。同时,地上、地下的各类流线组织需消解"迷宫式"寻路问题,妥善处理好交通导向和管理使用的问题。地下步道、商业街、道路等与环境协调等方面存在较多不足,处理不好反而会破坏原有的统一状态。其结构的布局和空间划分需依照原有街区的建筑结构,地下环境的压抑、幽闭感在结构布局和空间组织时需着重考虑对人的心理影响,其直接影响着街区商业功能的利润创造能力。此外,通风、疏散、防火、排烟等均需精心设计,并满足相应的法规标准要求。

第五章

结论与展望

第五章 结论与展望

第一节 研究总结

超大城市传统商业中心区在空间环境强约束的现实下,传统历史风貌保护与交通发展之间的矛盾日益突出,已成为制约区域乃至城市可持续发展的重要因素。厘清传统商业中心区交通需求特征和交通组织模式对于历史遗产与风貌保护、激发传统商业区活力、实现城市有机更新、构建可持续交通系统具有重要意义。本书研究基于城市快速机动化与既有空间资源紧缺的现实,以保护优先为前提,对传统商业中心区交通特征、构成和特殊性进行分析探讨,提出了基于价值传承的现状优化和未来衔接的传统商业中心区交通发展策略。主要研究成果如下。

(一)分析历史风貌街区与交通发展的关系,梳理传统商业街区亟待解决的交通问题

详细界定传统商业中心区概念及内涵,重点厘清商业街区与商业综合体在区位、形态和空间组织上的差异,为后续研究明晰方向和侧重点。以国内超大城市中各典型传统商业中心区进行实证分析,从区位特征、历史成因、空间形态、交通现状等方面进行梳理,分析总结了传统商业区与城市其他商业区域的交通组织与发展的差异;基于历史风貌保护要素的价值,探讨了交通系统与历史文化保护的相互关系;归纳提炼传统商业中心区路网结构和形态、交通方式及设施配置、出行主体和需求特征;重点明确超大城市传统商业中心区交通发展亟待解决的四大问题:平衡交通供给与交通需求、满足区域交通可达性要求、协调交通建设与风貌保护、实现服务水平与发展要求相匹配。

(二)总结国外典型历史地区交通解决方法,学习解决方法并判别其适用局限性

通过对国外典型历史城(街)区交通解决方法的梳理与分析,进行经验总结:交通规划已从单纯的工程技术向城市公共政策转变,在规划的观念、地位、内容和实

施等方面均作出了调整,城市交通规划体系的构建不再是单纯的工程技术上的深化和推进,而更多是价值判断和公共政策的深化和推进;交通资源和街道功能作为历史真实遗存的重要组成,必须在历史风貌保护的框架下解决交通问题;正视历史街区的交通需求多样性,需进行出行结构和交通体系的调整予以满足,并通过特定的交通方式引导地区发展;明确历史街区的交通优化实际上是空间资源的再分配和利益调整。根据各地区现实,主要措施可分为:精细利用现有空间资源的交通需求管理、限行区域划定,以及积极拓展新型空间的地上地下空间利用。在此基础上,结合我国现实,包括支路网络系统欠缺、非机动车量级较大、政策法规有待完善,明晰其方法适用的局限性。

(三)分析传统商业中心交通系统供给特性,尝试构建适宜的交通承载力计算模型

从现状交通系统构成及特征、交通发展政策导向、道路交通设施供给及运行特征等方面综合分析了传统商业中心区的交通系统供给特性,并结合目前该区域存在的现实问题,提出传统商业街区交通承载力系统,界定了其概念和内涵,并认为传统商业街区的交通承载力系统应由交通支持系统(交通供给)、交通适用系统(交通需求)和交通约束系统三者构成。进一步分析了传统商业街区交通承载力计算存在的主要问题,在此基础上进行计算方法的优化,尝试构建了传统商业街区综合交通承载力计算模型。

(四)基于传统商业中心共性交通现实问题,明确区域交通发展的原则及相应策略

基于传统商业中心区存在的共性交通问题,确立了该区域交通需求调控的基本理念:正视个体机动化出行的正常需求,梳理其需求特征,对于可替代的机动化需求通过各项积极措施转化为公共交通予以替代,不可替代的根据区域承载力情况,给予一定程度的保障。在此主线思路下,明确传统商业中心区交通改善与发展的四项基本原则:风貌优先、可实施性、可接受性及补偿性。针对传统商业中心区关键交通问题,提出了合理分流过境交通、层次化内部道路网、完善公共交通系统、优先保障慢行空间、修补地下交通网络和适度构建连廊体系共六项发展策略及具

体措施,并从法规政策、保护要求、建筑产权、建筑质量和商业活力等现实层面分析了策略实施的各项限制因素,以完善和支撑主线策略的可操作性。

第二节 不足与展望

传统商业中心区的交通问题关系复杂,在超大城市这一地域叠加因素中表现更甚:城市历史文脉的延续、社会经济的发展、机动化水平的压力、社会公平的保障、规划与实施等各方面因素交织、相互作用影响。我国目前对此的系统性研究较少,本次研究也仅就目前国内超大城市的几处传统商业中心区进行分析、归纳与总结,限于学识水平和时间限制,研究涉及的内容存在不足,也有待继续深化。

(1)限于我国"超大城市"以"城区常住人口"为划分标准,在研究对象的选取和实际比较分析中造成一定偏差,特大城市与超大城市在传统商业中心这一区域的特征表现上不存在因城市等级而产生较大差异,因常住人口门槛限制造成可比较研究对象遗漏较多。根据我国第七次全国人口普查统计数据,武汉城区常住人口为995万,距离超大城市门槛仅5万之差,类似情况如西安、杭州、南京等具有悠久历史文化积淀的城市,均未在研究之列。根据本次研究对象选择情况,传统商业中心区的人口、用地规模差异较大,以商业街区实际区域人口密度作为筛选标准或许更为合理。但就目前我国人口统计口径及数据公开情况,仍存在一定难度。

(2)本次对传统商业中心区仅就现状路网形态进行分类,将其划分为本土内生型和租界演化型,未就其地理气候环境、历史文化类型、自然条件限制、重大历史事件、风土人情、政策实施影响等进行深入分析和归类,对其历史交通作用和影响机制未作深入分析和探讨。

(3)限于研究层次、数据获取及研究时间,未能对传统商业中心区的一些重要交通特性进行细致分析,如:区域居民出行调查、交通方式选择行为特性及意愿,未按不同的细分人群出行特征制定符合个体机动化调控的合理对策。

(4)本次研究仅提及考虑公交优先导向的道路空间分配,未对公交结构、线网及换乘等公共交通服务体系进行相应的设计，未对该区域的交通出行链特征和需求进行分析，缺少对传统商业中心区具体的公共交通服务体系配置建议。停车配建部分同样存在具体细化配置方法的缺失。

（5）本次研究主要基于传统商业街区路网提出了初步交通微循环建议和规划方法，涉及部分微循环路网生成和优化的步骤和要点，还需结合传统商业中心区交通需求特征进行具体微循环路网优化的方法研究。

（6）传统商业中心区的交通发展不仅需要合理的交通组织模式、交通服务体系和交通设施的支撑，还需要交通政策体系、交通运行管理保障等配合。因此，还需要针对传统商业中心区交通发展的技术政策、运行组织管理及智慧交通技术应用的适应性等进行分析研究，完善这一特殊区域的交通规划体系。

参 考 文 献

[1] 国务院.关于调整城市规模划分标准的通知[EB/OL].(2014-10-29)[2021-03-20].http://www.gov.cn/zhengce/content/2014-11/20/content_9225.htm.

[2] Department of Economic and Social Affairs Population Dynamics. 2018 Revision of World Urbanization Prospects[EB/OL].(2021-09-23)[2021-03-20].https://population.un.org/wup/.

[3] 国家统计局.经济社会发展统计图表:第七次全国人口普查超大、特大城市人口基本情况[EB/OL].(2021-09-23)[2021-01-10].https://www.thepaper.cn/newsDetail_forward_14627131.

[4] 张爽,吴奇兵,陈庆红,等.历史文化街区保护的问题与对策[J].城市建筑,2021,18(21):90-92.

[5] 肖竞,曹珂.历史街区保护研究评述、技术方法与关键问题[J].城市规划学刊,2017(3):110-118.

[6] DORATLI N, HOSKARA S O, FASLI M. An analytical methodology for revitalization strategies in historic urban quarters:a case study of the Walled City of Nicosia, North Cyprus[J].Cities,2004,21(4):329-348.

[7] MARRIOT P D. The preservation office guide to historic roads[M].New York:The James Marston Fitch Charitable Foundation, 2010:49-75.

[8] LAUTSO K, MUROLE P.A study of pedestrian traffic helsinki: method and results[J].Traffic Engineering & Control,1974,15(9):446-449.

[9] SARKAR S. Determination of service levels for pedestrians, with European examples[J].Transportation Research Record,1993(1405):35-42.

[10] FRUIN J J. Pedestrian planning and design Metropolitan Association of Urban Designers and Environmental Planners[M].New York,1971:15-26.

［11］SISIOPIKU V P, AKIN D. Pedestrian behaviors at and perceptions towards various pedestrian facilities: an examination based on observation and survey data［J］. Transportation Research Part F: Psychology and Behaviour,2003,6(4):249-274.

［12］DUELL M, WALLER S T. The implications of volatility in day-to-day travel flow and road capacity on traffic network design projects［J］.Transportation Research Record,2015(2498):56-63.

［13］BOWMAN J L, BEN-AKIVA M E. Activity-based disaggregate travel demand model system with activity schedules［J］.Transportation Research Part A,2001,35(1):1-28.

［14］王秋平,张译,孙皓.历史街区自行车交通特性研究［J］.西安建筑科技大学学报:自然科学版, 2016(2): 227-233.

［15］王秋平,华震,孙皓.历史街区慢行交通分担量的博弈预测方法［J］.中国公路学报,2016,29(9):128-135.

［16］吴娇蓉,周冠宇.上海市居民通勤方式链特征分析与效率评价［J］.城市交通,2017,15(2):67-76,31.

［17］ANTHONY D. Smart Growth: Why We Discuss It Than We Do It［J］.Journal of the American Planning Association,2005,71(4):367-378.

［18］WANG Y, LIU W M, YUN-HUI L I. Research on Relationships between Road Infrastructure and Traffic Demand Based on Granger Causality Test［J］. Science Technology and Engineering,2008,8(4):1723-1726.

［19］WRIGHT C, JARRETT D, APPA G, et al.Spatial Aspects of Traffic Circulation［J］. Transportation Research Part B:Methodological,1995(1):1-32.

［20］GARCIA-HERNANDEZ M,DE LA CALLE-VAQUERO M,YUBERO C. Cultural Heritageand Urban Tourism: Historic City Centres under Pressure［J］.Sustainability,2017,9(8):1346.

［21］HOUNSELL N, SHRESTHA B, PIAO J.Enhancing Park and Ride withaccess control:A case study of Southampton［J］.Transport Policy,2010,18(1):194-203.

［22］PEARCE D G. Tourism Today: A Geographical Analysis［J］. Longman Scientific&Technical,1987,25(3).

[23] CROMPTON J L. Motivations for Pleasure Vocation[J].Annals of Tourism Research,1979(6):408-424.

[24] MUHAMMAD Z I, SUMI T, MUNAWAR A. Implementation of the 1997 Indonesian Highway Capacity Manual (MKJI) Volume Delay Function[J].Journal of the Eastern Asia Society for Transportation Studies, 2010, 8(2): 1246-1249.

[25] 王珊珊.伊斯坦布尔历史保护区建成环境概述及启示[J].世界建筑,2019(2):96-99,123.

[26] 王秋平,杨茜,孙皓.基于空间句法的西安市历史街区交通改善研究[J].西安建筑科技大学学报:自然科学版,2015,47(4):487-491.

[27] 王秋平,王思颖,任歆雨,等.基于城市交通网络的历史街区单向交通组织优化[J].西安建筑科技大学学报:自然科学版,2014, 46(3):342-347.

[28] 叶茂,过秀成,邓一凌,等.机非分流:历史城区自行车交通改善的必然选择-以镇江市老城区为例[J].规划师,2011,27(S1):133-136.

[29] 叶茂,于淼,过秀成,等.历史城区保护与交通协调发展关系探讨[J].城市发展研究,2013,21(8):47-53.

[30] 叶茂,于淼,过秀成,等.公交导向的历史城区干路网平均间距优化[J].北京工业大学学报,2013,39(8):1250-1254.

[31] 崔莹,过秀成,邓一凌,等.历史文化街区步行性分析方法研究[J].交通运输工程与信息学报,2015,13(1):51-57.

[32] LIU P , XU B , DAI G, et al. MDP: Minimum delay hot-spot parking[J]. Journal of Network & Computer Applications, 2017, 87(JUN.):210-222.

[33] 国务院.历史文化名城名镇名村保护条例[EB/OL].(2008-04-22)[2021-03-20].http://www.gov.cn/zwgk/2008-04/29/content_957280.htm.

[34] 中国城市规划设计研究院.历史文化名城保护规划规范:GB 50357—2005[S].北京:中国建筑工业出版社,2005.

[35] 橘玄雅.清朝穿越指南[M].重庆:重庆出版社,2017.

[36] 北京市宣武区《大栅栏街道志》编审委员会.大栅栏街道志[M].北京:机械工

业出版社,1996.

[37] 全国人民代表大会常务委员会.中华人民共和国道路交通安全法[EB/OL].(2021-04-29)[2021-05-30]. https://flk.npc.gov.cn/detail2.html?ZmY4MDgxODE3YWIyMzFlYjAxN2FiZDYxN2VmNzA1MTk.

[38] 王卫宾.深圳掌故[M].深圳:海天出版社,2013.

[39] 深圳市规划和国土资源委员会.鹏城街话[M].广州:岭南美术出版社,2014.

[40] 廖虹雷.井,街,市:从深圳墟到东门商业区[J].世界建筑导报,2013(1): 18-20.

[41] HAYES J W. The Leased Territory in 1898[M]. Hong Kong: Hong Kong University Press,2006.

[42] ANON. Extracts from a Report by Mr. Stewart Lockhart on the Extension of the Colony of Hong Kong[N]. Hong Kong Sessional Papers, 1899(9): 181-198.

[43] 刘存宽.评骆克香港殖民地展拓界址报告书[J].广东社会科学,2008(2): 92-100.

[44] 段进,邱国潮.国外城市形态学研究的兴起与发展[J].城市规划学刊,2008(5): 34-42.

[45] 张蕾.国外城市形态学研究及其启示[J].人文地理, 2010(3): 90-95.

[46] 李旭,许凌,裴宇轩,等.城市形态的"历史结构":特征·演变·意义——以成都为例[J].城市发展研究,2016,23(8):52-59.

[47] 袁庭栋.成都街巷志[M].成都:四川文艺出版社,2017.

[48] 雷穆森.天津插图本史纲[M].许逸凡,赵地,译.天津:天津人民出版社,2009.

[49] 高展.略论天津开埠前后工商业经营管理模式的演变[J].现代财经,2006(26): 77-81.

[50] 闻一少.天津估衣街[J].商业文化,2010(1):80-83.

[51] 张凤云.天津老街——估衣街[J].中国地名,2000,95(5):39.

[52] 杨秉德.中国近代城市与建筑[M].北京:中国建筑工业出版社,1993.

[53] 胡宗浚.解放前天津商业发展概述[J].天津商学院学报,1992,12(1):60-66.

[54] 上海通志编辑委员会.上海通志[M].上海:上海人民出版社,2014.

[55] OFFNER J M. Les plans de déplacements urbains[M].Paris: La Documentation

Française, 2006.

［56］SYNDICAT DES TRANSPORTS D'ÎLE-DE-FRANCE. Plan de déplacements urbains de la région Île- de-France 2000-2005［R］. Paris: STIF, 2000.

［57］SYNDICAT DES TRANSPORTS D'ÎLE-DE-FRANCE. Rapport d'évaluation du PDU d'Ile de France 2000—2005［R］. Paris: STIF, 2007.

［58］SYNDICAT DES TRANSPORTS D'ÎLE- DE- FRANCE. Plan de déplacements urbains 2010—2020［R］. Paris: STIF, 2014.

［59］ARGENT ST GEORGE. London Continental Railways (LCR) and Exel, International Heritage Conversation and Management. King's Cross Central: Heritage Baseline StudyPart2, Historical Site Plans and Building Drawings［EB/OL］.(2008-04-22)［2021-09-20］.https://www.kingscross.co.uk/?attachment_id=33519.

［60］BERTOLINI L, SPIT T, EBRARY I. Cities on Rails: The Redevelopment of Railway Stations and Their Surroundings［J］. Physics in Medicine & Biology, 1998, 58 (2): 287-299.

［61］Mayor of London. Opportunity Area/Intensification Area Frameworks［R］.［S.l.: s.n.］,2011.

［62］ARUP WORKING WITH ARGENT ST GEORGE. London Continental Railways (LCR) and Exel. King's Cross Central Regeneration Strategy［EB/OL］.London, (2008-04-22)［2021-09-20］.https://www.kingscross.co.uk/?attachment_id=33497.

［63］ARUP ON BEHALF OF ARGENT ST GEORGE. London Continental Railways (LCR) and Exel. King's Cross Central: Transport Assessment［EB/OL］.London, (2008-04-22)［2021-09-30］. https://www.kingscross.co.uk/?attachment_id=33498.

［64］国际古迹遗址理事会.保护历史城镇与城区宪章(华盛顿宪章)［C］//国家文物局法制处.国际保护文化遗产法律文件选编.北京: 紫禁城出版社, 1993: 171-173.

［65］章云泉.城市轨道交通容量的影响因素研究［J］.城市轨道交通研究,1999(4): 26-29.

［66］HOSSATN M.Capacity estimation of traffic circles under mixed traffic condition us-

ing micro-simulation technique[J].Transportation Research,1999,33(A):47-61.
[67] BRILON W, NING W. Capacity at unsignalized two-stage priority intersections[J]. Transportation Research Part A Policy & Practice,1996,33(3/4):275-289.
[68] 孔令斌.高速机动化下城市道路功能分级与交通组织思考[J].城市交通,2013,11(3):3-4.
[69] 徐生钰,杨晨晨.江苏城市地下空间资源开发利用的立法研究[J].中国国土资源经济,2021,34(10):25-33.
[70] 应申,郭仁忠,李霖.应用3DGIS实现三维地籍:实践与挑战[J].测绘地理信息,2018,43(2):1-6.